PRÉCIS

DES

ÉVÉNEMENTS DE PARIS

PENDANT L'INSURRECTION

DES 23, 24, 25 ET 26 JUIN 1848;

avec des détails très-intéressants

SUR LA MORT DE MONSEIGNEUR AFFRE,

ARCHEVÊQUE DE PARIS.

Prix : 60 cent.

PARIS,
CHEZ ALPHONSE SAINTIN, BIBRAIRE,
RUE DU PETIT-BOURBON, 8.

1848

Gravures et Imagerie de piété.

MARIE, JOLIE TÊTE DE VIERGE AU LIS, avec entourage, sur demi-colombier.

Tel est le titre d'une gravure exécutée avec un rare talent par M. C. V. NORMAND, premier grand prix de Rome, d'après un dessin de A. Leloir.

Elle se vend : 8 fr. sur papier de Chine. — 7 fr. sur papier blanc.

Il en a été tiré cinquante exemplaires sur chine avant la lettre, du prix de 14 francs.

Rien de plus suave, rien de plus délicat que cette image de la sainte Vierge, mère de Jésus-Christ, au doux regard qui respire la sainteté, à l'attitude modeste et calme qui exhale le parfum de toutes les vertus, avec un bouquet de lys emblème de candeur, d'innocence et de pureté. C'est un pieux souvenir, un heureux reflet de ces admirables vierges de Raphaël, dont le secret semblait être perdu, et qu'il appartenait à deux artistes de notre époque de faire revivre avec une originalité vraiment digne de ces modèles.

Il n'est pas une seule jeune fille élevée par une sainte mère, pas une seule vierge du Seigneur sincèrement dévouée à sa mission chrétienne, qui n'ait à cœur d'orner son oratoire ou sa cellule de cette *pieuse image de la souveraine Protectrice des âmes, contre les embûches et les tentations du monde.* — Le succès de Marie est assuré.

On trouve à la même librairie une magnifique feuille Chromo, imprimée en dix couleurs et contenant dix sujets dont les titres sont : *La Nativité, La Vierge aux Anges, L'Annonciation, La Fuite en Égypte, La sainte Cène, La Pentecôte, Jésus en croix, La Résurrection, Jésus bénit les enfants* et *Jésus au jardin des Olives.*

De toutes les planches de Chromo imprimées jusqu'à ce jour, il n'en existe aucune qui puisse rivaliser avec elle, tant pour le fini des dessins que pour la beauté des couleurs.

Le prix de la feuille est de. . . . . 4 fr. 80 c.
En dentelle. 2 30

La même, imprimée sur parchemin-vélin, et retouchée à la main avec un soin extrême. — Chaque sujet, 2 fr. — Les dix, 15 fr.

ALBUM CHRÉTIEN, ou Collection de neuf superbes gravures sur acier format in-4º.
Prix : 3 fr.

LES BEAUX ARTS, magnifique Album contenant six planches gravées à la manière noire, et six autographes de LAMARTINE, A. DUMAS, Victor HUGO, J. JANIN, Alphonse KARR, Georges SAND; en outre, chaque autographe est orné d'un entourage approprié au sujet par nos premiers dessinateurs, tels que : Camille ROQUEPLAN, DAUZAT, Paul DELAROCHE, Eugène DELACROIX, Clément BOULANGER, Horace VERNET. — Prix : cartonné,   16 fr.

L'AMI DES JEUNES FILLES, Journal des Loisirs utiles, paraissant tous les mois, par livraison de deux feuilles grand in-8º jésus, accompagnées d'une planche de broderie, de gravures de modes coloriées, de dessins de tapisserie coloriés, de patrons de grandeur naturelle, d'explications d'ouvrages à l'aiguille, filet, crochet, etc.

Prix : Pour Paris. . . . . 7 fr. par an.
Pour les Départements et les Colonies. 9
Pour l'Étranger 12

On ne s'abonne que pour un an.

Sous presse, pour paraître le 15 Juillet.

BIOGRAPHIE COMPLÈTE DE MONSEIGNEUR AFFRE, ARCHEVÊQUE DE PARIS, mort glorieusement pour la cause du bien public, par suite des blessures qu'il avait reçues le 24 Juin 1848. 1 vol. in-32, avec couverture imprimée et portrait. Prix :   60 c.

BIOGRAPHIE DE E. CAVAIGNAC, 1 vol. in-32, jésus, avec portrait. Prix :   60 c.

DE L'IMPRIMERIE DE BEAU, A SAINT-GERMAIN-EN-LAYE.

Mgr AFFRE,
Archevêque de Paris,
Mort victime de son dévouement, le 27 juin 1848.

PRÉCIS
DES ÉVÉNEMENTS DE PARIS

PENDANT

L'INSURRECTION DES 23, 24, 25 ET 26 JUIN 1848.

La guerre civile a désolé Paris ; dans une lutte fratricide le sang français a rougi les pavés de la capitale de la civilisation. N'accueillons qu'avec la plus grande réserve, et, autant que possible, après les avoir contrôlés, les faits qui nous arrivent de toutes parts. Ce n'est pas un pamphlet de circonstance que nous voulons écrire, c'est un précis grave, sérieux, qui doit survivre aux passions du moment.

Comme l'a dit, avec raison, à la tribune nationale, le général Cavaignac, ce que nous faisons depuis quelques jours, c'est de l'histoire; et une virgule mal placée, en dénaturant une phrase, peut changer la portée d'un acte, ou d'une parole.

Quant à nous, dans des temps malheureux comme le nôtre, nous n'oublierons jamais la dignité du rôle imposé à quiconque tient une plume. Nous comprenons que, pour que notre témoignage ait quelque poids aux yeux de la postérité, il faut que nous consultions, sans cesse, les droits de l'homme, l'honneur du nom français et cette magistrature suprême qu'on appelle l'Histoire.

Nous savons, d'ailleurs, que les ennemis de la République cherchent, en semant les bruits les plus absurdes, à répandre de l'odieux sur cette forme sociale. Fidèles à leur vieux système de calomnie et de mensonge, ils travaillent à dégoûter la France du présent, dans l'espoir qu'elle consentira à rétrograder vers les ténèbres d'un passé effrayant d'orages.

Ce sont eux qui se font les échos de tout ce qui s'est raconté ces jours-ci, de prétendues atrocités commises, tant de la part des insurgés, que de la part des troupes et de la garde nationale.

Chaque jour apporte un démenti à ces bruits infâmes. On ne tardera pas à reconnaître que, si la lutte a été terrible, elle a été rarement marquée de ce caractère de férocité que ces calomniateurs voudraient lui imprimer.

Au milieu de la douleur et de l'indignation qu'inspirent ces scènes déplorables, sachons être justes envers tout le monde. On ne gagne jamais rien à salir des adversaires, des vaincus surtout. Plaignons, n'insultons pas!

Le temps amènera, sans doute, des éclaircissements nécessaires sur les affreux événements dont nous venons d'être les témoins; on en connaîtra les causes et le véritable but. Jusque là, notre devoir d'humble chronologiste, si ce n'est d'historien, doit se borner à enregistrer consciencieusement les faits qui nous parviennent.

Gardons-nous surtout de prolonger dans les cœurs l'épouvantable lutte terminée dans les rues. Nous ne cesserons pas de le dire : la Révolution de Février doit finir par une conciliation; une conciliation seule peut cicatriser les plaies sanglantes qui viennent de se rouvrir.

Ouvriers et bourgeois, nous avons le secret de cette guerre impie et fratricide; nous connaissons le fait qui vous a mis aux uns et aux autres les armes à la main. Ecartons, des deux parts, les meneurs, les instigateurs coupables, qui nous poussent sans relâche à la haine, au désordre. Contemplez-vous face à face, sans vous menacer. Ce qui vous a mis les armes à la main, pauvres ouvriers, c'est la peur de mourir de faim par la misère. Vous, honnêtes bourgeois, ce qui vous fait accourir, de tous côtés, au secours de l'ordre menacé par l'émeute, c'est la peur de voir votre nom déshonoré par la faillite, par la banqueroute, que peut rendre inévitables, demain, l'absence de la circulation et du crédit.

Eh bien! unissez vos mains sur l'autel du travail. Prononcez les mots d'oubli et de pardon. Que les ateliers, que les boutiques, que les comptoirs se rouvrent! A l'œuvre! que notre belle patrie ne périsse pas par la faute de ses enfants! Que cette guerre civile, si terrible, soit la dernière inscrite aux pages de notre histoire.

C'est de la Révolution française, que les nations étrangères doivent dater l'ère de la fraternité; mais, avant tout, sachons la réaliser parmi nous. Que tout le monde nous aide dans cette œuvre de patriotisme et d'humanité ! Plus de classes ! s'écriait-on le lendemain du 24 février. Aujourd'hui nous disons : Plus de partis ! — La patrie est en danger, son salut est à ce prix.

Le combat terminé, il ne doit plus y avoir dans le cœur de tout bon citoyen qu'une seule pensée, l'oubli de l'offense, le pardon de l'injure. Frères, faisons un suprême effort pour ouvrir nos cœurs à ce sentiment vraiment religieux.

Nous avons été frappés dans nos affections les plus chères; nos amis ont péri, nos parents ne sont plus. Hélas ! que nos grands malheurs ne nous fassent pas oublier que des coups, non moins affreux, atteignent les hommes égarés qui ont combattu contre nous ! Eux aussi ont perdu amis et parents; et l'emportement insensé qui les a armés contre nous, n'était-il pas lui-même un vrai malheur, digne de toute notre pitié ?

Ah ! que cette pitié fraternelle gagne tous les cœurs, tous les rangs ! que la colère tombe devant la mort ! et, si des malentendus et la fièvre guerrière ont fermé, un moment, nos âmes à la fraternité, que, du moins, cette fraternité jette sur les tombes des victimes un rayon de suprême mansuétude !

Il est une prière que nos mères nous ont apprise aux jours de l'enfance, et qui reste gravée jusque dans les esprits incrédules. Dans ces heures de désolation solennelle, qu'il nous soit permis d'en rappeler les termes religieux : l'homme, s'adressant à

Dieu, de qui émanent toute justice, toute bonté, toute vérité, s'écrie : *Pardonnez-nous nos offenses, comme nous pardonnons à ceux qui nous ont offensés, et délivrez-nous du mal!*

Pardonnons donc, frères, pardonnons, car nul d'entre nous ne peut savoir s'il n'a pas lui-même aussi à se faire pardonner. Pardonnons aux morts! Que des funérailles communes réunissent dans un même deuil public toutes ces victimes de la politique humaine! Ne repoussez pas cette pensée de funèbre accord, nous vous en supplions. Ce sera un grand exemple, un pieux et sublime spectacle pour le monde. Ce sera une de ces initiatives de générosité suprême que la France seule sait prendre et qui la rendent illustre et aimée entre toutes les nations; ce sera un de ces grands actes du cœur humain qui attirent sur la terre les bénédictions de Dieu et rendent l'homme plus digne des bienfaits célestes, plus fort pour vaincre le mal, plus apte à conquérir la paix et le bonheur.

Paix donc aux morts, fraternité au seuil de la tombe, si nous voulons que Dieu nous donne sa paix et nous reçoive dans son amour!

L'archevêque de Paris a succombé à sa blessure. Sur son lit de souffrance, vainqueurs et vaincus lui apportaient, du fond du cœur, leur tribut d'admiration et de sympathie. C'est que ce digne prélat avait fait son devoir; c'est qu'au péril de sa vie, il avait voulu aller porter aux combattants une parole de fraternité et de pacification.

Dans la confusion de ces horribles combats, des

balles égarées l'ont frappé, lui pour qui les deux partis n'avaient que du respect! affreuse catastrophe qui caractérise cette insurrection, où, chez la plupart, la haine est venue de l'ignorance, de la misère, des malentendus; où des frères, enfin, se sont entretués, pendant quatre jours, comme s'ils n'étaient pas des frères.

Au milieu de tant de douleurs privées et publiques, sa mort a accru le deuil général de la France. Triste monde où nous vivons! il semble que nous soyons un peuple sauvage, chez lequel il soit nécessaire encore que des missionnaires aillent subir le martyre pour racheter les âmes.

L'archevêque est mort glorieusement au service de l'humanité. Cette mort est un pieux témoignage, elle consacre une sainte mémoire, elle servira au ralliement fraternel des cœurs. Il faudra bien que sur cette tombe finissent par se rencontrer, et ceux que le digne prélat venait sauver, et ceux au nom desquels il portait des paroles de paix et de fraternel pardon.

Oui, citoyens nos frères, sur les tombes de tant de nobles victimes, abjurons nos colères, rejetons les souvenirs de haine, et prions Dieu pour qu'il nous envoie sa paix et son amour.

Et puis, relevons-nous, pleins de foi et d'espérance. Plongeons notre regard dans l'avenir. Pensons à la République et aux conséquences sociales qu'elle doit produire : un rayon d'avenir brille à travers notre tristesse. Oui, nous en sommes convaincus, cet enfantement, si sanglant, si douloureux, auquel nous assistons depuis février, donnera naissance pour la France, pour l'Europe, pour l'humanité, à une ère de paix, d'association, de fraternité véritable.

La République ne périra pas ; mais elle sera démocratique, religieuse, elle sera chrétienne surtout. Nous comprenons que des esprits, moins confiants que les nôtres dans la Providence et dans les destinées du genre humain, se laissent troubler jusqu'à perdre l'espérance et la foi en présence du désordre matériel et moral de la société actuelle.

Nous sommes loin de nous dissimuler l'étendue du mal. Oui, l'on a vu dans Paris, pendant les journées de juin 1848, de malheureux ouvriers, exaspérés par la faim, par une crise industrielle, dernier legs du pouvoir déchu, et par des menées criminelles, donner et recevoir la mort en poussant ce cri lugubre : *Du travail ou du plomb!*

On a vu d'autres enfants du peuple, la troupe de ligne, les jeunes et braves gardes mobiles, décimés par le fer et le feu. La garde nationale a fait des pertes qui seront longtemps pleurées dans les familles parisiennes ; et, cependant, au milieu de ce deuil, il nous faut espérer ! La Providence ne nous soumettrait pas à de telles épreuves, si elle n'était pas assez riche pour en récompenser la patrie. Tout martyr a sa couronne. La France a souffert assez depuis soixante ans, pour avoir droit à la sienne.

Nous avons la République, nous la garderons ; ni l'étranger, ni les prétendants, ne profiteront de ces fatales journées ; elles n'ont pas remis en question le principe démocratique.

Mais, pour obtenir, enfin, ces institutions qui verseront un baume efficace sur nos plaies, oublions ces luttes sanglantes, oublions-en, du moins, tout ce qui peut entretenir ou rallumer des haines; rappelons-nous seulement qu'il y a, dans tous les partis, des blessés à soulager, des veuves, des orphelins à protéger contre la misère.

La guerre civile ne résout pas les questions, elle ne donne du pain à personne. Le libre essor de l'intelligence publique permettra seul de découvrir et de réaliser des institutions conciliatrices qui préviennent le retour de ces néfastes journées.

Mais, hélas! que de brandons de discorde sèment la route que nous parcourons! que de douloureuses vicissitudes n'avons-nous pas eu à traverser déjà pour marcher à ce but! D'abord, presque aussitôt après février, c'est cette lutte puérile de quelques compagnies d'élite de la garde nationale contre l'égalité républicaine sous les armes, et la manifestation spontanée, universelle, unanime des ouvriers en faveur de cette égalité. Puis, un triste malentendu, faisant pousser à la garde nationale des cris de *Mort aux communistes!* contre ces mêmes ouvriers apportant à l'Hôtel-de-Ville le fruit de leurs épargnes en ces jours malheureux où beaucoup meurent de faim.

Viennent ensuite les pétitions en faveur de la Pologne et cette invasion subite de l'Assemblée nationale par des hommes qui ne savent ni où ils vont, ni ce qu'ils veulent, conduits par des chefs qui ne le savent pas davantage eux-mêmes, et que l'ouragan porte, comme autant de feuilles détachées, à la Constituante, à l'Hôtel-de-Ville, au donjon de Vincennes; cet ouragan frappe parmi les représentants du peuple eux-mêmes. Puis, une demande en accusation formulée contre un autre représentant, l'imprudent organisateur du travail, qui n'a pas compris l'énorme distance qu'il y a entre un livre de théories et la pratique sérieuse, inconnue, que ce livre soulève. Cette demande est rejetée; mais déjà un autre nom retentit dans la foule et dans l'assemblée; il s'agit d'un neveu de l'Empereur, de Louis-Napoléon, célèbre par ses malencontreuses tentatives de Strasbourg et de Boulogne.

Trois départements le portent pour candidat à la représentation nationale. La Constituante s'en émeut; elle rêve la résurrection, quant à lui, du décret de la Restauration qui expulse la famille de l'Empereur; le peuple murmure; Louis-Napoléon est élu dans les trois départements. On ne prononce point son expulsion de France, dont il s'est éloigné deux fois, de son plein gré, pour ne point gêner l'action du nouveau gouvernement; mais on l'accuse, on interprète, avec une susceptibilité peut-être exagérée, un membre de phrase d'une lettre qu'il a adressée au président de l'Assemblée; et il envoie sa démission dans une seconde lettre qui est applaudie, en attendant qu'un quatrième département, la Corse, berceau des Napoléon, le renvoie, à son tour, au palais législatif, ravivant ainsi, de nouveau, les étranges complications qu'on a voulu, à tout prix, éviter.

Alors les rassemblements, refoulés des abords de l'Assemblée nationale par la garde nationale et par les dragons, se reportent, tous les soirs, sur les boulevards, qu'ils obstruent depuis le théâtre italien jusqu'au faubourg du Temple. Ils sont tous sans armes, formés en grande partie d'oisifs, et l'on y crie tour à tour : « Vive la République ! vive Barbès ! vive Napoléon ! vive l'Empereur ! »

Peut-être se fussent-ils usés d'eux-mêmes, ces attroupements, si l'on n'y eût pas fait trop d'attention. On suit la marche opposée ; on fulmine contre eux un nouveau décret, emprunté aux mauvais jours des lois de septembre ; on envoie de la garde nationale, des mobiles, des troupes, des gardiens de Paris contre ces oisifs ; on fait évacuer les cafés des boulevards ; mais, les sommations faites, les commissaires de police n'osent employer sérieusement la force ; l'arme législative se brise entre leurs mains ; ils se bornent à ramasser, dans les lieux publics et sur la voie publique, des groupes nombreux de curieux, de promeneurs, de désœuvrés, de crieurs, d'hommes, d'enfants, de vieillards, de femmes, et, parmi eux, quelques émeutiers de profession ; on les entasse, pêle-mêle, à la Conciergerie, en pleine cour, la place manquant dans l'édifice, sauf, le lendemain, à en renvoyer les sept huitièmes à leurs familles.

Le 18 juin, ces manifestations commençaient même à cesser, quand la dissolution des ateliers nationaux par l'Assemblée nationale vient tout-à-coup leur fournir un nouvel aliment. La place de l'Hôtel-de-Ville et les quais qui l'avoisinent, se couvrent, tous les jours, à la nuit tombante, de nombreux rassemblements. Le 20, jusqu'à minuit, l'encombrement devient si considérable, que la circulation en est arrêtée et que le pont d'Arcole craque sous le poids de la foule. De nombreuses arrestations sont faites.

Le lendemain, on augmente la garde de l'Hôtel-de-Ville ; la Préfecture de Police et le Palais de Justice sont occupés par de forts piquets de garde mobile. Des tentes se dressent dans les cours ; et les jardins de la Préfecture sont gardés militairement. Enfin on ferme les grilles donnant sur la place Dauphine, ne laissant pénétrer que les personnes de service et celles que leurs affaires appellent au parquet.

Le jour suivant, la confirmation de la nouvelle de la dissolution des ateliers nationaux porte ses fruits : une colonne d'ouvriers de ces ateliers se rend, dès le matin, au Luxembourg, avec quatre drapeaux. On remarque dans ses rangs un officier et un sous-officier de la garde nationale, plusieurs gardes mobiles et quelques gardes républicaines.

Ils se plaignent hautement, à leur sortie, de l'accueil que leur aurait fait le citoyen Marie, qui les a, disent-ils, traités d'*esclaves*. Le jour suivant, le citoyen Marie se disculpe dans le *Journal des Débats*. Suivant lui, répondant au citoyen Pujol et s'adressant aux ouvriers, il leur aurait dit : « Vous n'êtes point *esclaves* de cet homme-là ; vous pouvez vous-mêmes exposer vos griefs. » Ce qui est fort différent.

Quoi qu'il en soit, la colonne parcourut, ensuite, les faubourgs Saint-Marceau, Saint-Antoine et plusieurs autres quartiers, s'augmentant de beaucoup de désœuvrés et se portant ensuite à la Bastille et à la barrière du Trône. Quelques commissaires de police essaient vainement de disperser les attroupements qui crient : « Vive Napoléon ! Vive l'Empereur ! Vive la République démocratique et sociale ! A bas Marie ! »

Ils protestent contre la note publiée par le *Moniteur*, qui ordonne l'enrôlement militaire ou l'expulsion des ateliers, de tous les ouvriers célibataires de 17 à 25 ans. « On nous envoie en Sologne, disent-ils ; eh bien ! nous avons voulu nous assurer par nous-mêmes de l'état du pays ; nous en revenons ; la fièvre y décime les populations ; et les maires nous ont déclaré que les ouvriers de la contrée manquent eux-mêmes d'ouvrage, tant le pays est pauvre. »

D'autres rassemblements d'ouvriers se forment sur d'autres points, notamment du côté de la place Saint-Sulpice. Les brigades envoyées à Corbeil, ont abandonné leurs chantiers et sont revenues à Paris.

En somme, la capitale est tranquille, mais de ce calme effrayant qui précède l'orage.

JOURNÉE DU 23.

Ce jour était fixé pour le commencement de la lutte ; la nuit avait été fort agitée ; on avait menacé de désarmer quelques postes ; on avait essayé quelques barricades dans les bas quartiers Saint-Denis et Saint-Martin.

Au point du jour, Paris avait un air sinistre ; les les boulevards, depuis la porte Saint-Denis jusqu'à la rue des Filles-du-Calvaire, étaient couverts de rassemblements nombreux ; les ouvriers des ateliers nationaux déclaraient ne pas vouloir partir. Ils renouvelaient leurs plaintes de la veille relativement à la Sologne ; d'autres se plaignaient d'avoir attendu vainement à la barrière de Fontainebleau les feuilles de route et un ordre de départ qui leur avait été promis la veille.

A huit heures, la place du Panthéon s'est couverte de plusieurs milliers d'ouvriers ; l'attitude des groupes devenait menaçante. Au bout d'une demi-heure, une colonne, forte de quatre à cinq mille hommes, a quitté le faubourg Saint-Jacques, drapeau en tête ; elle est descendue sur le quai de l'Hôtel-de-Ville, elle a traversé la place de Grève, puis elle s'est dirigée vers le faubourg du Temple, où elle va faire sa jonction avec les ouvriers de ce quartier et du faubourg Saint-Antoine. Aussitôt après son passage, la place a été interdite à la circulation, et le pont d'Arcole a été occupé militairement.

Dès lors, il était facile de comprendre qu'un plan stratégique, savamment combiné, tenait en main tous les fils de l'insurrection qui se préparait, imprimant une direction unique au mouvement qui allait ébranler la capitale. Le Panthéon et le clos Saint-Lazare étaient destinés à former les deux ailes de cette formidable ligne d'attaque, dont la Cité devenait le centre, appuyé sur le quartier et le faubourg Saint-Antoine. Toutes ses forces devaient opérer simultanément par les deux rives de la Seine, dans le but de s'emparer de l'Hôtel-de-Ville et de la Préfecture de Police. Ces deux positions prises, les insurgés poussaient audacieusement des reconnaissances sur le Louvre, le Palais-National, les Tuileries, l'Assemblée ; et Paris tombait immanquablement en leur pouvoir. Tout le problème à résoudre se bornait donc à savoir s'ils réussiraient à s'emparer de l'Hôtel-de-Ville et de la Préfecture de Police. Vers ces deux points importants allaient converger tous leurs efforts.

La journée menace d'être sanglante comme une bataille ; elle va éclipser, sous une nuage de sang, l'auréole de fraternité et de sublime modération qu'a su conserver jusqu'à ce jour l'inauguration de la seconde République française. Ce sera une véritable journée de guerre civile.

Aux premières heures de la matinée, des rassemblements se forment dans le faubourg Saint-Antoine ; au coin de la rue de Charenton, une barricade de dix pieds de haut s'élève comme par enchantement.

Dès sept heures, le rappel est battu dans toutes les légions de la garde nationale ; plusieurs détachements réclament, à grands cris, des ordres. Une barricade est construite rue Saint-Jacques, à la hauteur de la rue Saint-Séverin. Une tentative de barricade échoue rue Quincampoix, grâce aux habitants du quartier qui, sortant de chez eux pour prêter main forte à l'autorité, s'opposent, même sans armes, à cette démonstration. Tout est calme encore sur le boulevard Saint-Denis ; on n'y découvre aucun rassemblement, même partiel ; la circulation est entièrement libre.

A dix heures, un escadron de dragons et plusieurs compagnies de troupes de ligne, de garde mobile et de garde nationale viennent bivouaquer sur la place de l'Hôtel-de-Ville. Un peu plus tard, un bataillon de la ligne prend possession de la cour de la Préfecture de Police.

Au même instant, une soixantaine d'hommes accourent sur le boulevard Saint-Denis. A un signal donné par plusieurs coups de sifflet, ils se jettent à la tête des chevaux de l'omnibus n° 10, arrachent le cocher de son siége, font descendre les voyageurs, et renversent la voiture, à quelques pas de la fontaine, en criant : *Aux barricades! aux barricades!*

A ce nouveau signal, de tous les cabarets, de toutes les allées des maisons environnantes s'élancent de nombreux renforts de travailleurs. Des hommes apparaissent, armés de fusils ; et des myriades d'enfants, de quatorze à quinze ans, brandissent des sabres nus. Les insurgés sont vêtus de blouses retenues par un mouchoir en guise de ceinture et formant cartouchière. Divisés par groupes de douze à quinze, ils se précipitent sur les coucous de Saint-Denis, sur les voitures de porteurs d'eau, sur un cabriolet-milord. Les voitures sont dételées et renversées à côté de l'omnibus qui barre une portion du boulevard. Cette première barricade du quartier est rapidement construite. Cinquante à soixante femmes en prennent possession; une d'elles y plante une bannière tricolore portant ces mots : *Ateliers nationaux, 4ᵉ arrondissement, 5ᵉ section.*

En même temps, on pénètre dans un bâtiment en

construction en face du passage du Bois de Boulogne, dans le faubourg Saint-Denis ; on en arrache les échafaudages, qui, joints à une quantité immense de grosses charpentes, ont bientôt formé une nouvelle barricade qui dépasse en hauteur un premier étage. A la rue d'Aboukir et à la rue Sainte-Appoline s'élève une triple barricade plus redoutable encore, laquelle coupe ces deux rues et la rue Saint-Denis, à l'entrée du boulevard Bonne-Nouvelle.

Le mouvement se propage ; d'autres barricades se dressent simultanément sur d'autres points de la rue Saint-Denis et dans la rue du faubourg jusqu'à la hauteur de la rue d'Enghien. On en construit aussi dans les rues Rambuteau et Saint-Martin. Partout chaque passant est contraint d'apporter sa contribution d'un pavé.

Mais, de toutes ces barricades, la plus formidable, la plus gigantesque est celle de la porte Saint-Martin. Les hommes armés qui la défendent arrêtent tous les passants et les forcent à dépaver le sol et à leur apporter des pierres. Cinq femmes, dont une en deuil, prennent place au sommet de la forteresse. Elles brandissent des sabres et des hallebardes enlevés au théâtre de la porte Saint-Martin ; l'une d'elles agite un drapeau tricolore.

On frappe aux portes des maisons et l'on oblige les habitants à livrer leurs armes. Plusieurs gardes nationaux, marchant isolément, sont désarmés. Les magasins se ferment sur toute la ligne du boulevard, depuis la Bastille jusqu'à la rue du Mont-Blanc et dans toutes les rues adjacentes. Une foule nombreuse, presque exclusivement composée d'hommes en blouses et de femmes en bonnets, stationne sur divers points, aidant ceux qui travaillent aux barricades. On les laisse faire sans témoigner ni joie, ni colère. Quelques cris de : *Vive la République démocratique et sociale!* se font entendre : on ne remarque aucun enthousiasme dans les rangs des surgés, mais la fureur atteint chez eux au plus haut degré de paroxisme.

Le quartier Popincourt et les rues qui aboutissent au canal, se hérissent, à leur tour, de barricades qui enveloppent le faubourg Saint-Antoine comme dans un mur d'enceinte. Instruit de ce mouvement, le poste du boulevard Bonne-Nouvelle, occupé par la garde mobile, se replie vers la caserne Popincourt où il a son quartier. Les grilles de la rampe qui monte à la rue de Cléry et à la rue de la Lune, sont arrachées, on renverse les pierres du parapet, on fait avec les grilles des leviers, et le dépavage continue.

Jusqu'à midi, l'émeute, de ce côté, est seule maîtresse du terrain : l'entreprise des insurgés n'est troublée par aucune intervention de la force publique ; le bruit court sur les boulevards que l'armée a quitté Paris dans la nuit. Le poste Bonne-Nouvelle est occupé par la garde nationale ; un second détachement vient renforcer le premier et s'empare de tout le trottoir en face du Gymnase. La foule est redevenue compacte ; des tentatives de désarmement ont lieu sur les factionnaires chargés de la tenir à distance. On entend, par intervalles, des coups de fusil, tirés, dit-on, dans les faubourgs St.-Denis et St.-Martin.

Un bataillon de la 2ᵉ légion débouche enfin par la rue Saint-Martin, l'arme aux bras, et s'approche de la barricade Saint-Denis. L'ordre est donné de commencer l'attaque; un officier s'avance avec un commissaire de police et procède aux sommations d'usage : « Nous ne vous faisons aucun mal, répondent les insurgés. Restez chez vous, nous sommes chez nous. » Un silence, plein d'anxiété, succède à ces mots. Tout à coup le feu s'engage. D'où est parti le premier coup? On l'ignore. Le poste Bonne-Nouvelle, serré de près, veut disperser la foule. Il est également contraint de faire feu. Des deux côtés la fusillade est terrible ; elle dure vingt-cinq à trente minutes sans interruption. Une femme qui paraît, pour la troisième fois, sur la barricade, avec un drapeau tricolore, tombe frappée. La garde nationale, exposée au feu des fenêtres voisines, est forcée de reculer un instant; mais des renforts lui arrivent par le boulevard Montmartre ; et la barricade est enlevée à une heure et demie; bon nombre de courageux citoyens sont tués ou blessés. On cite, parmi ces derniers, un chef de bataillon de la garde nationale, M. Thayer, ancien membre du conseil général de la Seine, atteint d'un coup de feu au pied. Plusieurs insurgés sont conduits au poste du boulevard Bonne-Nouvelle.

Il n'est bruit que d'un acte de folie héroïque, accompli par deux femmes, sur cette barricade : une grande, belle et jeune personne, coiffée d'une fanchon de dentelle, bras nus, vêtue d'une robe de barége rayée, passe par-dessus la barricade, avec un drapeau, et s'avance, en l'agitant, à l'entrée de la rue de Cléry ; elle provoque la garde nationale du geste et de la voix. Le feu de la barricade ne cesse pas ; les gardes nationaux, voyant cette jeune fille au bout de leurs fusils, ne se décident à riposter qu'après avoir essuyé trois fois le feu de leurs adversaires. Elle tombe criblée de balles.

Sa compagne s'élance à son tour, s'empare du drapeau, se baisse pour contempler les traits de la morte, et, se relevant furieuse, lance des pierres aux assaillants. Des coups de fusil partent de la barricade, des rangs de la garde nationale, des croisées. La malheureuse tombe, à son tour. Un garde national s'élance seul, un sabre à la main, sur la barricade, détourne le dernier fusil qui le couche en joue et s'empare de la position, aux applaudissements de ses camarades.

A la même heure, des forces imposantes, conduites par le général Lamoricière, arrivent par le boulevard, du côté de la Madeleine. Elles se composent du 11e léger, de deux bataillons de la garde mobile, de plusieurs compagnies de la 2e légion, d'une batterie d'artillerie et d'un escadron de lanciers, lequel balaie les masses qui encombrent le boulevard depuis la rue de Mazagran jusqu'à la rue du Faubourg-Poissonnière.

Tandis que la fusillade recommence dans la rue Sainte-Apolline, entre les insurgés qui y occupent une barricade, et une compagnie de la 5e légion, de nouveaux attroupements se forment sur le boulevard Montmartre. La garde nationale barre tout l'espace compris entre la rue du Sentier et la Porte Saint-Denis.

Toutes les pharmacies situées entre les portes Saint-Denis et Saint-Martin sont transformées en ambulances, et encombrées de blessés et de morts.

Vers la même heure, la garde nationale avait ouvert le feu à la porte Saint-Martin, du côté du boulevard du Temple, et s'était assez promptement emparée des barricades ; elle occupait les rues environnantes. Un seul magasin est ouvert à la rue Saint-Martin, c'est celui d'un bijoutier-horloger, à la devanture éblouissante. L'émeute la regarde à peine et enfonce la boutique voisine d'un marchand de fer. Plusieurs maisons des rues Saint-Denis, Saint-Martin, de la Lune, Mazagran, ont leurs carreaux de vitre coupés au premier étage, pour mieux diriger de là le feu des tirailleurs.

Au faubourg Saint-Denis, à la hauteur de la rue de Chabrol, des hommes vêtus de blouses, mais sans armes, réunis depuis onze heures du matin, avaient essayé de faire une barricade ; deux hommes bien vêtus les dirigeaient. La force armée survient ; on lui résiste : quatre insurgés sont tués ; quelques autres blessés. Mais un des combats les plus acharnés est celui qui a lieu place Lafayette ; deux cents gardes mobiles y restent sur place. Après une lutte d'une heure et demie, cette portion de l'émeute est refoulée, à coups de canon, sur la Villette. Là, elle s'empare de huit caisses d'armes, et se partage six cents fusils. Un feu des plus vifs s'engage également rue Rochechouart ; un poste de la ligne y est désarmé.

C'est un fatal malentendu qui a rendu si meurtrier le premier engagement de la porte Saint-Denis : le 2ᵉ bataillon de la 2ᵉ légion débouchait par le boulevard en même temps qu'un bataillon de la 5ᵉ légion arrivait par la rue Saint-Denis : les deux corps se sont envoyé deux décharges successives.

La rue Geoffroy-Marie est occupée militairement par une compagnie de la garde nationale, venue de la rue des Martyrs. A la hauteur du passage Richer, un homme, vêtu d'une blouse blanche, se jette sur le dernier peloton et veut désarmer un citoyen. Il est arrêté et conduit au poste de la rue Chauchat. M. Achille Fould, banquier, ancien député, rentre, blessé à la main. Un drapeau pris sur la barricade Saint-Denis porte ces mots : *Du pain ou la mort!*

On signale, vers les Halles, quelques tentatives de désarmement et quelques coups de feu tirés. A deux heures une rencontre a lieu entre la garde nationale et les insurgés à la place de la Bastille. Ceux-ci occupent une barricade redoutable. Le faubourg Saint-Antoine, fortifié de toutes parts, est en pleine insurrection. L'irritation des ouvriers n'a plus de bornes. Des troupes sont dirigées de ce côté, où l'on entend la fusillade et la canonnade.

Sur les deux heures, une nouvelle barricade avait été commencée dans la rue du Faubourg-Poissonnière, aux coins des rues des Petites-Ecuries et Richer, par une cinquantaine d'hommes armés. Déjà une centaine de pavés étaient arrachés, lorsque, du boulevard et de la rue des Petites-Ecuries, arrivent deux pelotons de garde nationale. Aussitôt la charge bat, et, malgré une résistance acharnée, la barricade est enlevée à la baïonnette. Trois insurgés tombent morts et plusieurs gardes nationaux sont blessés.

Une demi-heure après, une troupe considérable d'ouvriers, vêtus de blouses blanches ou bleues, marchant en bon ordre sur six rangs de profondeur, et l'arme au bras, descend, au nombre de trois à quatre cents, du haut du faubourg Poissonnière. Vers la rue Richer, près du poste des Menus-Plaisirs, elle se trouve en face d'un demi-bataillon de la garde nationale. Les deux troupes s'arrêtent, laissant entre elles un espace d'environ cinq cents pas. Des deux côtés on s'avance, le shako au bout de l'épée et la casquette au bout du fusil; les chefs des deux troupes parlementent pendant plus d'une demi-heure, et l'on se retire de part et d'autre sans aucune démonstration hostile.

Sur ces entrefaites le général Lebreton, représentant du peuple, sort de l'Assemblée suivi de quelques-uns de ses collègues. Le général Cavaignac lui conseille de se mêler aux troupes et à la garde nationale. M. Jules Favre, ceint de son écharpe tricolore, annonce qu'il suivra le général Cavaignac. Un autre représentant, M. de Treveneuc, parcourt à cheval les boulevards; deux autres, M. Perrée, maire du troisième arrondissement, et M. Ducoux, sont à la tête des légions.

A quatre heures, une pluie abondante, mêlée d'éclats de tonnerre, disperse les curieux. L'émeute est concentrée dans le haut des rues du faubourg

Saint-Martin, vers l'église Saint-Laurent, et dans le faubourg du Temple, depuis le canal jusqu'à Belleville. Dans cet espace seul, il y a de vingt à vingt-cinq barricades. Au faubourg Poissonnière, la garde nationale, la mobile et la ligne engagent une vive fusillade avec des insurgés retranchés dans les vastes terrains du clos Saint-Lazare.

A la hauteur de la rue Lafayette, une nouvelle barricade s'élève; cabriolets, charrettes, tombereaux, voitures sont renversés à mesure qu'ils se présentent; les pavés sont arrachés; les femmes et les enfants aident les hommes. Le faubourg Saint-Denis et sa barrière sont occupés par une troupe de cinq cents insurgés; des détachements de garde nationale qui ont voulu les empêcher de faire une barricade, sont désarmés. Les ouvriers du chemin de fer de Strasbourg quittent leurs travaux, emmenant trois tombereaux de pierres pour commencer une barricade à la barrière des Vertus.

A la Villette, beaucoup d'ouvriers armés descendent pour se joindre aux insurgés, en présence de la garde nationale. Les fils de fer du télégraphe électrique sont rompus. On bat la générale à La Chapelle et à Montmartre. L'atelier du parc de Monceaux se livre à ses travaux habituels; on y remarque cependant quelque fermentation. Les généraux Cavaignac et Lamoricière se dirigent vers la Bastille, avec un régiment de ligne, deux bataillons de garde mobile et six pièces d'artillerie. Ils sont accueillis sur les boulevards par les cris de *Vive la République!* Le citoyen Marrast, maire de Paris, adresse aux maires d'arrondissement une proclamation dans laquelle il fait appel à la garde nationale contre les efforts tentés, dit-il, par une poignée de turbulents qui rêvent le pillage et la désorganisation sociale.

Que se passe-t-il, dans cet intervalle, sur la rive gauche de la Seine? Dès le matin, douze cents hommes environ des ateliers nationaux, précédés d'un groupe d'enfants et de quatre drapeaux, s'étaient mis en marche, du faubourg Saint-Jacques, vers l'Assemblée nationale, aux cris de *Vive la République! A bas Marie!* Ils étaient, disaient-ils, porteurs d'une pétition énumérant leurs griefs. Arrivés à l'angle de la rue de Bourgogne et de la rue Saint-Dominique, une cinquantaine d'entre eux se détache, conduite par deux officiers de l'ex-garde républicaine. Ils demandent à parlementer avec la garde de service à l'Assemblée, afin qu'on leur accorde l'autorisation de laisser pénétrer dans l'enceinte législative une députation des leurs.

Le citoyen Hingray, représentant du peuple, patriote franc et loyal, colonel de la 10e légion, qui occupe les alentours, s'avance à leur rencontre; mais un commandant de dragons, dont l'escadron stationne sur le même point, croit devoir commander à ses hommes de charger les nouveau-venus. Le lieutenant-colonel de la 10e légion, à qui, sans doute, est échappé le mouvement, si plein d'humanité, de son chef, va suivre cet exemple, lorsque M. Hingray s'élance entre la force armée et les parlementaires, et engage ceux-ci à rentrer chez eux dans le plus grand calme; ce conseil est suivi. Il est résulté de cet épisode un malentendu passager dans l'esprit de quelques gardes nationaux. Ils connaissaient bien mal leur colonel, ceux qui pouvaient le croire capable d'une trahison.

La rue Saint-Jacques, la rue des Grès, la place de la Sorbonne et les rues voisines sont coupées par d'innombrables barricades. M. Arago veut parler aux insurgés qui défendent celle de la place du Panthéon : « On nous a déjà tant promis, lui répondent-ils, et l'on nous a si mal tenu parole, que nous sommes défiants. Nous vous estimons, citoyen Arago; mais, au nom de Dieu, faites suivre les paroles d'actes sérieux. » Après une longue hésitation, la barricade est évacuée sans lutte nouvelle.

Vers midi et demi, la troupe de ligne marche contre la barricade élevée rue Saint-Jacques, à la hauteur de la rue Saint-Séverin. La résistance est terrible; de nombreuses victimes jonchent le sol de part et d'autre. Un officier de la ligne est frappé mortellement. A quatre heures, le feu continue dans ce quartier; le faubourg Saint-Jacques est encombré de barricades. Mais c'est de sept heures à huit surtout, que le combat acquiert un acharnement des plus meurtriers, des plus aveugles. Des troupes nombreuses sont dirigées de ce côté. L'irritation des ouvriers est extrême : c'est l'exaltation héroïque du désespoir : le pont Saint-Michel et les rues de la Cité ruissellent de sang. On attaque les barricades avec du canon, au son du tocsin et sous des feux de peloton incessants. Quatre fortes barricades, élevées sur le parvis Notre-Dame, n'ont été prises qu'après plusieurs tentatives infructueuses et au milieu d'une véritable boucherie.

Les généraux François et Clément Thomas sont blessés, ainsi que les représentants du peuple Bixio et Dornès. MM. Lefèvre, chef de bataillon de la 2e légion, et Masson, avoué, chef de bataillon de la 11e, sont tués. Le représentant du peuple Pierre Bonaparte a un cheval blessé sous lui. Les assaillants font au-delà de trois cents prisonniers; les morts sont déposés dans l'église Saint-Séverin; plus de cent cinquante blessés sont transportés à l'Hôtel-Dieu.

Une compagnie de la garde républicaine s'étant approchée d'une barricade de la Cité pour fraterniser avec le peuple, et se trouvant ainsi entre deux barricades, a été massacrée par des décharges simultanées. A neuf heures du soir, une lutte horrible recommence dans la rue de la Huchette, et n'est étouffée par la force, qu'après une longue effusion de sang. Les faubourgs Saint-Jacques et Saint-Marceau restent barricadés dans leur vaste étendue.

Un ordre du jour, affiché dans tout Paris, et signé du Président de l'Assemblée et de la Commission du pouvoir exécutif, investit le général Cavaignac, ministre de la guerre, du commandement de toutes les troupes, garde nationale, garde mobile, armée, etc.

Dans la journée, on avait distribué des cartouches à la garde nationale qui entoure l'Assemblée. On avait craint, un moment, que les insurgés, refoulés des positions qu'ils occupaient, ne se portassent sur le Palais législatif. Les environs étaient gar-

nis de forces militaires imposantes. La place de la
Concorde avait été interdite à toute circulation; elle
était occupée par un escadron de lanciers et un escadron de hussards. Des piquets de garde mobile
fermaient toutes les issues; et deux pièces de canon
étaient braquées dans la direction de la Madeleine.
Le quai d'Orsay était également encombré de troupes et de canons. Les généraux Cavaignac, Lamoricière, Négrier et Clément Thomas avaient parcouru plusieurs fois les rangs des soldats.

La séance a été d'abord beaucoup moins orageuse
qu'on n'aurait dû s'y attendre. Le général Lebreton,
en grand costume, a demandé que plusieurs représentants fussent désignés pour aller, revêtus de leur
écharpe (agitation), non point prendre une part active aux événements, mais marcher au feu entre
les colonnes des défenseurs de l'ordre. Le général
Laidet, tout en rendant justice aux bonnes intentions de son collègue, combat sa proposition. Le citoyen Baune augmente le tumulte en demandant
où est la Commission exécutive? Le président Sénart
donne communication des premières nouvelles qui
paraissent satisfaisantes; il assure que l'émeute rencontre peu de sympathie dans la population.

Le citoyen Flocon apprend à l'Assemblée que la
Commission exécutive est réunie dans une salle
du Palais. « La sédition, dit-il, n'arbore aucun
drapeau. C'est la ligue de tous les partis contre la
République; mais, que cette ligue se formule au
nom d'un prétendant, ou au nom des nécessiteux,

on trouvera toujours, au fond des choses, la main de l'étranger. »

M. de Falloux dépose un projet de dissolution des ateliers nationaux. M. Corbin en dépose un second au nom du comité des travailleurs; il ne demande pas la dissolution des ateliers; il propose des associations libres et volontaires d'ouvriers sous la protection de la République. M. Trélat, ministre des travaux publics, déclare avoir promis aux ouvriers de ne pas rompre leurs liens de famille.

Le Président fait une nouvelle communication : il lit plusieurs rapports du Préfet de police, et fait espérer la soumission prochaine du faubourg Saint-Antoine. Le drapeau de la barricade Saint-Denis est déposé dans la salle des conférences. Plusieurs représentants se placent sous les ordres du général Cavaignac. L'Ecole Polytechnique et 1500 décorés de Juillet offrent leurs services à l'Assemblée.

Le Ministre de la guerre paraît, à son tour, à la tribune. Ses paroles sont rassurantes. Deux membres de la Commission exécutive, MM. Garnier-Pagès et Lamartine, lui succèdent. « La Commission, dit le premier, aime mieux agir que parler. Elle fera preuve d'énergie et de dévouement. La force armée est admirable. On connaît le patriotisme éprouvé du général Cavaignac. L'insurrection sera bientôt cernée et battue ; il faut en finir avec les agitateurs. La Commission exécutive va parcourir la capitale. »

M. Lamartine veut aussi agir. « Demain, dit-il, la Commission se soumettra à tous vos bills d'indemnité ou d'accusation. Si elle ne peut arrêter le sang qui coule, elle y mêlera le sien. »

L'Assemblée se déclare en permanence. La séance est suspendue jusqu'à huit heures du soir. Trois délégués des ateliers nationaux, qui ont voulu traiter de puissance à puissance avec la Représentation nationale, ont été arrêtés. Le général Cavaignac est décidé, dit-il, à frapper *un bon coup de collier*. Au milieu de tous ces appareils de guerre, Considérant propose en vain une proclamation pacifique, qui excite de violents murmures, et est repoussée par la question préalable; une voix l'accuse même de pactiser avec les assassins. Caussidière et Lagrange ne sont pas plus heureux dans des tentatives semblables. Les Ministres et la Commission éxecutive voulaient donner leur démission et remettre leur pouvoir entre les mains du général; ils promettent de différer jusqu'après le danger.

JOURNÉE DU 24.

L'insurrection, qui, à son origine, avait jeté des barricades dans presque tous les quartiers de Paris, s'est concentrée, la nuit dernière, sur plusieurs points principaux, notamment dans la rue Saint-Jacques, sur la place du Panthéon, dans la Cité, dans le faubourg Saint-Antoine, dans le clos Saint-Lazare, au haut du faubourg Saint-Denis, à La Chapelle et aux abords de La Villette.

De différents côtés, le feu n'a presque pas été interrompu depuis la veille. Le tocsin a sonné, à plusieurs reprises, à l'église Saint-Gervais qui fait face à l'Hôtel-de-Ville, et à l'église Saint-Séverin. La rue Saint-Jacques présente, dans sa ligne escarpée et tortueuse, une série de barricades formidables. Les insurgés y ont du canon. Il y en a également dans les barricades, non moins terribles, qui s'élèvent dans le haut du faubourg Poissonnière et pénètrent dans le village de La Chapelle. Des munitions ont été préparées sur plusieurs points durant la nuit.

Dès trois heures, le feu recommence avec une nouvelle vigueur dans le quartier Saint-Jacques, au quai Saint-Victor, dans la Cité, aux environs de Saint-Gervais, dans le quartier Saint-Antoine et au faubourg du Temple. On bat la générale dans toutes les rues de la capitale que l'émeute n'a pas envahies.

Le capitaine d'état-major Loverdo, aide-de-camp du général Damesme, envoyé pour reconnaître une barricade rue des Mathurins-Saint-Jacques, est pris par les insurgés. Les chefs veulent le forcer de se mettre à leur tête : « Vous pouvez me tuer, leur répond-il ; vous ne me déshonorerez pas. » Alors on le menace de le fusiller ; mais un des principaux s'y oppose : « Je suis un ancien militaire, dit-il ; je ne souffrirai pas qu'on assassine un officier désarmé. »

Cet homme, après avoir délivré le capitaine Loverdo, a tenu à le reconduire lui-même jusqu'au quartier-général du général Damesme. M. Arago s'y trouvait. On entoure cet homme, on le félicite ; mais il se retire en disant : « Pardon, Messieurs, si je vous quitte ; je vous laisse à votre besogne, je retourne à la mienne. »

L'Assemblée nationale a été en permanence toute la nuit. A cinq heures du matin, on aperçoit sur le pont de la Concorde plusieurs représentants, les vêtements en désordre, pâles, fatigués de cette veillée extraordinaire. D'autres sont sur leurs bancs, dans les bureaux, ou à la présidence, centre d'action du mouvement. Les dispositions prises pour la sûreté du Corps législatif sont les mêmes que celles de la veille. Au dehors, un grand déploiement de troupes, gardes nationales, cavalerie, infanterie, artillerie, garnit les abords. A chaque rue aboutissant au Palais et à chaque côté du quai sont braquées des pièces de canon ; il y en a également à la tête du pont de la Concorde. La place de la Révolution est couverte de troupes. Une légion de la banlieue, qui arrive au grand complet, aux cris de *Vive la République!* est dirigée, avec de la mobile, vers le marché Saint-Jean.

A mesure qu'ils entrent dans l'hémicycle, les représentants se groupent et s'entretiennent avec chaleur des affaires du jour. Les versions les plus contradictoires circulent dans les couloirs et dans la salle des Pas-Perdus. A chaque instant, des officiers d'ordonnance arrivent et remettent des dépêches au Président. Celui-ci monte au fauteuil à huit heures un quart, et rend compte des nouveaux événements.

Les barricades ont été relevées et renforcées pendant la nuit. Une lutte cruelle est au moment de recommencer. Les insurgés étendent leurs moyens d'action. La question est donc fort grave, et il est impossible d'espérer une solution immédiate, à moins d'une attaque énergique, à laquelle sont décidées l'armée et la garde nationale. « Les dispositions prises font espérer, dit le Président, que la journée ne se passera pas sans que force reste à la loi. »

L'Assemblée décrète d'enthousiasme que la République adopte les veuves et les enfants de ceux qui sont morts ou mourront pour sa défense. Le citoyen Pascal Duprat propose que Paris soit déclaré en état de siége, et que tous les pouvoirs soient concentrés entre les mains du général Cavaignac. Les citoyens Larabit, Nachet et Germain Sarrut combattent la première partie de la proposition relative à l'état de siége. La proposition est néanmoins décrétée dans son ensemble; et l'Assemblée se maintient en permanence.

Dans la chaleur de la discussion, le ministre des affaires étrangères Bastide, s'est écrié : « Au nom de la patrie, mettez un terme à ces débats ! Dans une heure, peut-être, l'Hôtel-de-Ville sera pris. » Le citoyen Lagrange soutient que l'état de siége est le tombeau de la fraternité. Le citoyen Considérant renouvelle sa proposition d'une adresse pacifique, si l'on ne veut pas faire incendier Paris. « Il est trop tard, » lui répondent plusieurs voix. « Vous voulez donc faire assassiner nos frères ? » s'écrie Lagrange ; « laissez-moi partir, j'irai me jeter au milieu des combattants, et je leur dirai : *Vous êtes nos frères; si vous m'aviez écouté hier, le sang n'aurait pas coulé.* Ces paroles se perdent dans le bruit.

La Commission exécutive envoie sa démission. Le Président invite les représentants du peuple, délégués pour aller dans divers quartiers prêter leur concours au Pouvoir, à se mettre en rapport avec les mairies et les chefs de corps, savoir : avec le général Lamoricière, dont le quartier-général est à la porte Saint-Denis; avec le général Duvivier, à l'Hôtel-de-Ville; avec le général Damesme, à la place de la Sorbonne. Les 3e et 4e bureau ont refusé, dit-on, de nommer des commissaires.

A une heure, le citoyen Duclerc annonce que l'insurrection perd du terrain, que la place Maubert est occupée par la garde mobile, que les barricades environnantes sont enlevées, et que la révolte est refoulée dans la rue Saint-Victor. Le Président donne communication d'une lettre d'après laquelle le Panthéon vient d'être pris après une vive canonnade. C'est le citoyen Boulay (de la Meurthe), représentant du peuple, qui y est entré le premier, à la tête de la troupe de ligne.

M. Doisnel dit que, dans le faubourg du Temple et dans la rue Saint-Nicolas, la lutte persiste encore. D'après M. Raynal, la consternation règne dans la ville, les boulevards sont déserts; mais la garde nationale est animée du meilleur esprit. L'ordre ne règne que jusqu'à l'entrée du faubourg Saint-Denis; dans ce faubourg et dans celui du Temple, une fusillade bien nourrie se fait entendre. La rue Vendôme est délivrée; on s'empare des barricades de la rue Boucherat. Toutefois, les munitions manquant aux troupes, le général Lebreton leur en fait distribuer. La lutte est vive ; cependant l'emeute a été repoussée depuis la rue Notre-Dame-de-Nazareth jusqu'à celle de la Corderie. M. Dampierre annonce qu'au Panthéon 1,500 insurgés ont mis bas les armes.

Le Panthéon pris, ce n'était que le quart de la besogne. Restaient les barricades de la rue de la Vieille-Estrapade, de la rue Neuve-Sainte-Geneviève, de la rue de Fourcy, etc. Pendant cinq heures, le canon continua à se faire entendre de ce côté. Il y eut, sur ce point, un affreux carnage et des pertes cruelles de part et d'autre.

« Évidemment, dit M. Payer, représentant du peuple, un grand nombre d'insurgés étaient des malheureux égarés. Si plusieurs avaient de l'argent dans leur poche, et excitaient les autres par toutes sortes de faux bruits, la plupart étaient des ouvriers désespérés par la misère qui les accable depuis quatre mois. Aucun d'eux, lorsqu'on leur offrait à boire, ne voulait prendre de vin sans eau ; et l'un d'eux ayant tué, dans la chaleur du combat, un jeune mobile qui l'avait blessé à la main, se mit à pleurer comme un enfant.

» Les meneurs cherchaient à les exciter en voulant leur distribuer des liqueurs fortes et en leur répétant sans cesse d'étranges rumeurs. On leur disait que la 11e légion venait de massacrer beaucoup d'entre eux. Alors leur désespoir était à son comble ; ils se battaient et mouraient sans proférer le moindre cri. Les meneurs, presque tous en habit bourgeois, ou en redingote et sans armes, ne s'exposaient jamais et disparaissaient au moindre danger. »

M. Bonjean rapporte qu'un ancien soldat, nommé Leclerc, décoré de la Légion-d'Honneur et de Juillet, qui se trouvait dans les rangs de la garde nationale, avec son fils, ayant vu tomber celui-ci, frappé d'une balle, l'emportait dans ses bras, quand une seconde balle l'achève. Le père va chercher alors son second fils pour combattre, avec lui, l'insurrection.

M. Charamaule annonce que, sur la place Maubert, le drapeau tricolore des insurgés, sur lequel on voyait un bonnet rouge, a été enlevé par un garde républicain. On y lisait : *Ateliers nationaux, 13e brigade, École centrale.*

A six heures du soir, on annonce l'arrivée des gardes nationales de Rouen et d'Amiens; d'autres milices citoyennes de départements même éloignés, sont déjà en route pour Paris.

A huit heures, M. Babaud-Larivière dit qu'il a vu le général Lamoricière près du Château-d'Eau ; le combat était engagé dans les rues adjacentes. Demain, au point du jour, il attaquera les barricades cernées. M. Valette annonce que le général Damesme, de la garde mobile, a été grièvement blessé à l'attaque du Panthéon ; l'amputation de la jambe sera probablement nécessaire. Le Président résume les faits de la journée : les forces sont réparties sur trois principaux points, sous les ordres de trois généraux. Leur stratégie consiste à porter des masses sur les points principaux, en négligeant les points secondaires. Le faubourg Saint-Jacques est à peu près déblayé. Le faubourg Saint-Marceau, qui a résisté longtemps, est presque partout vaincu; les barricades de la rue Mouffetard sont emportées, et une reconnaissance est poussée jusqu'au Jardin des Plantes. Devant l'Hôtel-de-Ville, les insurgés ont perdu le terrain qu'ils avaient gagné dans la matinée. Les faubourgs Saint-Denis, Saint-Martin et Poissonnière sont déblayés, sauf les barrières; mais on se bat toujours au chemin du Nord, et l'on n'a pu s'emparer du clos Saint-Saint-Lazare. Demain on attaquera le faubourg du Temple et le faubourg Saint-Antoine. Les généraux Korte et Lafontaine sont tous deux atteints; le général Bourgon est blessé mortellement.

Voilà, en résumé, ce qui s'est passé dans la journée du 24 à l'Assemblée nationale. Ce n'est que le reflet, le miroir du dehors. Revenons maintenant sur le terrain de la guerre civile, et reprenons le récit des événements depuis la matinée.

Les boulevards, depuis le Gymnase jusqu'à la porte Saint-Martin, présentent l'image d'un véritable camp. Sur le boulevard Bonne-Nouvelle stationne un régiment de cuirassiers, arrivé la veille. Le boulevard Saint-Denis est occupé par la garde nationale et la garde mobile; plusieurs escadrons de lanciers sont échelonnés du côté de la porte Saint-Martin.

A huit heures, le canon et la fusillade se réveillent très-vifs dans le quartier Latin. La Cité est toujours au pouvoir de l'insurrection, ainsi que le faubourg du Temple et le faubourg Saint-Antoine, les barrières Rochechouart, de La Villette et Poissonnière. Dans ce dernier quartier, un des insurgés, ayant profité du trouble général pour assouvir une vengeance personnelle, a été fusillé immédiatement par les siens.

A neuf heures, le général Cavaignac donne aux révoltés du faubourg Saint-Antoine une heure pour faire leur soumission. La réponse ayant été négative, à dix heures dix minutes le feu a recommencé. Le quartier des Halles est le théâtre d'un horrible combat. A onze heures, le bataillon de la garde mobile qui est sous les armes à La Chapelle, a perdu la moitié de son effectif. La maison de nouveautés, connue sous le nom de *la Belle Jardinière*, sur le quai aux Fleurs, a reçu plusieurs boulets.

Une grande incertitude règne dans la partie occidentale de Paris ; on y manque de nouvelles positives ; les bruits et les rapports les plus contradictoires se succèdent. Les roulements non interrompus de la fusillade et du canon témoignent assez que la lutte est acharnée et sanglante.

M. David (d'Angers) et les autres représentants du peuple, partis de l'Assemblée nationale pour aller annoncer aux troupes et aux citoyens la mise en état de siége de Paris, ont été accueillis partout avec enthousiasme ; ils ont parcouru les boulevards jusqu'à la Bastille. Quelques-uns de leurs collègues, porteurs des mêmes nouvelles, ont reçu le même accueil sur la rive gauche de la Seine.

Une proclamation du Président de l'Assemblée à la garde nationale est affichée. On s'y plaint des formules du *communisme*, et des excitations au pillage, produites audacieusement, dit-on, sur les barricades ; on y avoue, cependant, que la faim, la misère, le manque de travail, ont pu venir en aide à l'émeute, et qu'il y a dans les insurgés beaucoup de malheureux qu'on égare ; mais ceux qui les entraînent, veulent, ajoute-t-on, l'anarchie, l'incendie et pillage...

Le général Cavaignac, nouveau chef du Pouvoir exécutif, adresse, à son tour, trois proclamations à la garde nationale, à l'armée et aux insurgés. « Ce que nous voulons, dit-il à la première, c'est un gouvernement ferme, sage, honnête, assurant tous les droits, garantissant toutes les libertés, assez fort pour refouler toutes les ambitions personnelles, assez calme pour déjouer toutes les intrigues personnelles. » — « C'est une terrible guerre que vous faites aujourd'hui, dit-il aux soldats. Rassurez-vous ! vous n'êtes point agresseurs ; cette fois, au moins, vous n'aurez pas été de tristes instruments de despotisme et de trahison... A vous, à moi, un jour ou l'autre, de mourir pour la République ! Que ce soit à l'instant même si nous devons lui survivre ! » — « Si une pareille lutte pouvait se prolonger, dit-il aux insurgés, il faudrait désespérer de l'avenir de la République... Au nom de la patrie ensanglantée, au nom de la République que vous allez perdre, trompez les espérances de nos ennemis communs ; mettez bas vos armes fratricides !.... Le Gouvernement sait qu'il se trouve dans vos rangs des frères qui ne sont qu'égarés et qu'il rappelle dans les bras de la patrie. »

Voilà donc l'état de siége décrété. Il y a l'état de siége tel qu'on l'a pratiqué aux époques éloignées. Alors toute la loi, c'était la violence, la brutalité, l'écrasement, le massacre, le bombardement. Alors, au nom du salut public, tout était permis : on arrêtait au hasard, les citoyens, on massacrait les prisonniers, on fusillait un homme sur un simple soupçon. Tout était menace, fureur, tout était épouvante et désespoir. De nos jours, le roi de Naples et le czar de Russie sont seuls capables de recourir à ces infâmes moyens.

Chez un peuple civilisé, l'état de siége, c'est simplement le principe de la concentration suprême des forces aux mains de l'autorité militaire, dans le seul but d'arriver plus promptement à faire cesser la guerre civile. Alors on peut bien gêner la liberté des citoyens, interrompre les communications, violer quelques formes de la légalité régulière ; mais rien n'autorise la brutalité, ni la violence. Cependant le bruit a couru à l'Assemblée nationale que quelques individus auraient usé de procédés expéditifs et cruels, et se seraient permis des actes de justice sommaire. Ces récits que nous croyons exagérés, ont causé une impression douloureuse. Le Gouvernement et l'Assemblée entendent appliquer avec modération et humanité le décret sur l'état de siége.

Dans toutes les rues, sur les boulevards, sur les places, la circulation est complètement interdite. On ne peut passer d'une rive à l'autre de la Seine. Il faut l'escorte d'un garde national pour vaquer à ses affaires dans son propre quartier. Tout Paris est désert; on n'y rencontre que la force armée; les magasins sont fermés; on exige que les fenêtres des maisons restent également closes. Des familles entières, bloquées chez elles, manquent d'argent et de pain. Une affreuse anxiété règne dans les esprits.

Différentes barricades ont été essayées sans succès dans le quartier Saint-Honoré, aux Champs-Élysées, au Gros-Caillou et à quelques pas même de l'Assemblée nationale. Un brancard passe, escorté par des artilleurs de la garde nationale; il emporte le citoyen Michel, lieutenant-colonel de ce corps, grièvement blessé. Le lieutenant-colonel de la 1re légion, le citoyen Clary, est aussi sérieusement atteint. On assure que les insurgés se sont emparés de huit pièces de canon et sont parvenus à faire une citadelle de l'île Saint-Louis.

La fusillade est vive dans la rue du Temple et la rue Saint-Nicolas. On remarque à la tête de la 2e légion, le général Rapatel, en bourgeois, élu colonel l'avant-veille. Les insurgés, en petit nombre, défendent vigoureusement le clos Saint-Lazare, où la garde mobile a perdu deux cents hommes. On y envoie de l'artillerie. D'autres sont retranchés dans les bâtiments en construction de l'hôpital de la République.

Sur la place des Vosges (place Royale) les insurgés font prisonnier un détachement de la ligne. Ils décident que les soldats seront libres, mais ils veulent fusiller l'officier. Deux fois, malgré la résistance du chef des révoltés qui avait donné sa parole de lui laisser la vie sauve, ce malheureux est forcé de se mettre à genoux. Il ne doit son salut qu'à l'intervention de quelques anciens gardes municipaux qui se trouvaient parmi les insurgés : « Nous aussi nous avons servi, s'écrient ces hommes; et nous ne laisserons pas fusiller un militaire à qui l'on a promis qu'il serait libre. » Ces paroles, n'ayant pu persuader les plus violents, les municipaux entraînent l'officier avec eux, le font évader à grand' peine et le conduisent dans une maison où on lui donne des habits en échange de son uniforme.

Sur la même place, une bande d'insurgés, pénétrant par l'impasse Guémenée, met le feu à la porte de derrière de l'hôtel de Victor Hugo, envahit ses appartements, et prend de flanc la troupe, qui se précipite sous les arcades de la place. Deux officiers et quelques soldats sont tués ; le commandant est obligé de se rendre ; son bataillon est désarmé. M. Victor Hugo était à l'Assemblée ; ses deux fils combattaient dans les rangs de la garde nationale. Mme Hugo a eu toutes les peines du monde à s'enfuir, les insurgés voulant la prendre pour otage.

On a appris à l'Assemblée, comme on l'a vu, que le Panthéon avait été repris après un rude combat, et que les formidables barricades de la place Maubert avaient été enlevées. Huit insurgés avaient été fusillés rue des Mathurins Saint-Jacques et à l'hôtel de Cluny ; d'autres au Luxembourg. On citait, parmi les prisonniers, un des principaux chefs de l'insurrection dans ce quartier, le nommé Dubois, vieux soldat de l'empire, tambour-major de la 12e légion, homme de taille colossale, qui passe conduit par deux mobiles, d'apparence très chétive.

On a à déplorer la mort du général de brigade Bréa et de son aide de camp, le capitaine d'état-major de Mangin. Ce général, qui se trouvait en disponibilité, était venu, le 23, offrir ses services à l'Assemblée et au général Cavaignac. En attendant un commandement, il s'était rendu volontairement dans le faubourg Saint-Marceau, sur le théâtre du combat. Il avait assisté à la prise de deux barricades, du côté de la barrière de Fontainebleau, et s'était avancé seul, avec son aide de camp, vers une troisième, en cherchant à déterminer les insurgés à cesser une lutte inutile. Ceux-ci allèrent au-devant des deux militaires, et les reçurent au milieu d'eux. Puis ils engagèrent le général à envoyer par écrit aux soldats l'ordre de se rendre. Celui-ci s'y étant refusé, ils menacèrent de mort les deux officiers si un seul coup de feu était tiré sur leur barricade.

Le lieutenant-colonel Thomas, du 16ᵉ léger, chargé du commandement d'une partie des bataillons de la garde mobile, s'avança aussitôt pour réclamer les deux prisonniers, menaçant à son tour les insurgés de les faire fusiller tous, s'ils s'y refusaient. Après de longs pourparlers, le colonel Thomas consentit à leur accorder, sur leur demande, une demi-heure pour réfléchir, et alla instruire le général Cavaignac de ce qui se passait.

La demi-heure se prolongeant, les révoltés, craignant d'être trahis, mirent cruellement à mort le général Bréa et le capitaine Mangin. A son retour, le brave colonel Thomas, s'avançant seul vers la barricade, fut reçu à coups de fusils. Il fit alors avancer ses compagnies et enleva la position; mais il n'y trouva que les cadavres défigurés des deux officiers. Impossible de peindre la fureur des mobiles à cet aspect. Les représailles furent terribles. La plume hésite à retracer les sanglants épisodes de cette lutte fratricide, qui fait reculer la civilisation de plus d'un siècle; il faut remonter à la bataille de Saint-Denis, au temps de la Ligue, pour retrouver une pareille fureur.

A cinq heures, les décharges d'artillerie devenaient plus rares; les insurgés étaient barricadés dans l'église Saint-Méry, aux environs, et dans le faubourg Saint-Antoine, dont l'entrée est toujours défendue par cette formidable barricade, contre laquelle la canonnade a été jusqu'ici impuissante. Beaucoup de cadavres ont été jetés dans la Seine; d'autres sont transportés dans des charrettes. On compte parmi les victimes un certain nombre de femmes. A dix heures, on annonce la destruction de la barricade Saint-Méry.

Nous avons vu que quelques insurgés s'étaient portés à des actes de barbarie sauvage; mais, dans presque tous leurs retranchements, ils sont mornes et résignés. Sur les murs du faubourg Saint-Antoine, on lit de tous côtés : *Mort aux voleurs! mort aux pillards! Respect à la propriété!* Des combattants font asseoir leurs femmes et leurs enfants sur les barricades : « Puisque nous ne pouvons plus vous nourrir, disent-ils, mieux vaut mourir en combattant que mourir de faim. Nous nous ferons exterminer jusqu'au dernier, si l'on ne veut pas faire droit à nos réclamations et rassurer nos inquiétudes. » Les représentants du peuple qui ont pu communiquer avec eux, ont été reçus avec sympathie. Ils se contentaient de leur demander *de l'ouvrage ou du plomb!*

Le soir, quelques quartiers ont été illuminés pour éclairer les patrouilles qui se succèdent sans interruption. On entend de tous côtés les cris des factionnaires : *Sentinelles, prenez garde à vous!* On assure que, pendant la nuit, bon nombre d'insurgés, descendant des barricades, vont endosser leur uniforme de garde national et se mêler aux défenseurs de la République. « C'est ainsi, ajoute-t-on, que les mots d'ordre et de ralliement de la place auraient été connus des révoltés. » On ajoute qu'une femme aurait été saisie portant dans ses papillottes toute une correspondance. En général, les bruits qu'on répand à profusion, ne sauraient être accueillis qu'avec une extrême réserve.

JOURNÉE DU 25.

Les troupes s'étant retirées, la veille au soir, de plusieurs barricades, qu'elles avaient conquises dans la journée, pour se porter sur d'autres points plus menacés, les insurgés les ont reprises, fortifiées, et les défendent par un feu très-nourri. Plus de cinquante coups de canon ont été tirés hier contre le Panthéon, dont ils avaient fait une véritable citadelle.

Ce magnifique monument est horriblement mutilé. Les portes ont été enfoncées par les boulets; les deux grandes statues allégoriques de la nef principale ont été décapitées par un boulet, qui, après avoir coupé l'arbre de la liberté planté sur la place, est ressorti par le fond du monument. Les révoltés se sont défendus longtemps encore après l'assaut. Beaucoup se sont fait tuer pour ne pas se rendre. On regrette tant de courage et d'héroïsme perdus dans une guerre fratricide.

Toute la nuit, Paris a offert l'aspect d'un camp. Les insurgés se sont emparés de la mairie du 6e arrondissement, rue Vendôme, où ils ont trouvé 30,000 cartouches. Cette mairie a été reprise au point du jour. L'action sanglante a recommencé partout de bonne heure.

Une morne consternation règne dans les quartiers ensanglantés par les engagements d'hier. La circulation est, comme la veille, interceptée dans les autres. On ne peut passer que sous l'escorte d'un garde national, avec un permis d'un maire ou d'un commissaire de police. Le quartier Saint-Jacques et les environs de la place Maubert ne sont pas sans danger pour les gardes nationaux et les soldats isolés. L'insurrection a évacué ses positions rue de la Huchette et rue Saint-Jacques, jusqu'à la rue Soufflot. La barricade de l'hôtel de Cluny et l'église Saint-Séverin sont au pouvoir des troupes.

La barricade du pont Saint-Michel était défendue par une compagnie de la garde nationale de la 12e légion, commandée par le capitaine Amyot, un des premiers fabricants d'encre d'imprimerie de la capitale. C'est lui qui a répondu au citoyen Arago que ses hommes et lui exigeaient, pour se rendre, la mise en liberté de Barbès. Après cette réponse, le citoyen Arago a fait faire les sommations d'usage, et les insurgés ont ouvert le feu. La prise de cette barricade a coûté plus de 400 hommes à la garde nationale, à l'armée et à la mobile. Quand les révoltés se sont vus hors d'état de se défendre, cernés qu'ils étaient de manière à ne pouvoir se replier sur aucun des points qui tenaient encore, ils se sont débandés, rentrant, la plupart, dans leurs domiciles; et l'on n'a pu faire qu'un petit nombre de prisonniers, entre autres, le capitaine Amyot.

La tour Saint-Jacques, occupée, le matin, par les insurgés, a été reprise; dans l'île Saint-Louis, ils tiraient des fenêtres. Après de nombreux engagements, une trêve a eu lieu, à la suite de laquelle ce quartier a été délivré.

Dès le matin, les troupes ont attaqué les retranchements des quartiers du Temple, de Saint-Antoine et de la Bastille. Il a fallu plusieurs heures pour s'emparer des premières barricades de la rue Saint-Antoine; c'est en enfilant les rues par le canon et en prenant les maisons à la sape qu'on est parvenu à triompher des obstacles; là l'insurrection s'était fortifiée depuis trois jours et disposait d'énormes ressources; les petites rues, comme les grandes, étaient hérissées de barricades. Ce soir seulement, les troupes, après des fatigues sanglantes, ont pu surmonter les obstacles jusqu'à la place de la Bastille, et reprendre les mairies des 8ᵉ et 9ᵉ arrondissements.

L'insurrection occupait encore, avec d'importantes forces, les faubourgs qui conduisent à Charenton, et les boulevards extérieurs des faubourgs Saint-Antoine et du Temple, La Chapelle-Saint-Denis, la barrière Rochechouart et celle des Martyrs, qui étaient barricadées. Les murs d'octroi sont crénelés.

Le faubourg du Temple oppose une vigoureuse résistance. A dix heures du soir, la garde mobile n'est encore parvenue qu'au bord du canal. Des balles de coton, auxquelles on a mis le feu, au bas du pont à la Vénitienne, se dégage une épaisse fumée qui dérobe les insurgés aux tirailleurs; les balles sifflent sur le boulevard du Temple. Déjà, à huit heures et demie, les révoltés avaient envoyé un parlementaire au général Lamoricière, qui l'avait reçu, au milieu de son état-major, dans le café Amand, faisant face au faubourg. Ils demandaient à évacuer leurs positions sans être faits prisonniers. Le général, après avoir lu au parlementaire la proclamation du général Cavaignac, répond qu'il faut se rendre à discrétion, l'armée et la garde nationale étant bien pourvues de poudre et de plomb : « Et nous aussi, » répond le jeune envoyé, sans ôter sa casquette. Et il retourne vers ses camarades.

Le canon tonne, à de courts intervalles, contre la barricade de la barrière Poissonnière, trop solide pour être entamée; mais c'est particulièrement dans le clos Saint-Lazare et les bâtiments en construction de l'hôpital de la République, que de sanglants combats ont lieu. On ne s'est rendu maître de cette position qu'après deux jours d'un siége qui pouvait durer plus longtemps encore. Les insurgés étaient fort peu nombreux, mais leur place d'armes semblait imprenable ; embusqués derrière des barricades formées d'énormes pierres de taille, ils défiaient le canon et tiraient impunément sur la troupe et la garde nationale. Quelques-uns occupaient des maisons environnantes, à l'extrémité de la rue Pétrelle ; ils étaient armés de fusils à vent ; on entendait siffler les balles, sans entendre partir le coup ; on a fait la même remarque dans une foule de quartiers et particulièrement autour de l'Hôtel-de-Ville.

Le général Lebreton, représentant du peuple, s'est signalé sur ce point, par son courage, son sang-froid et son humanité ; il a empêché la garde nationale d'exécuter des prisonniers sans jugement. Il se loue particulièrement des 1re, 2e et 3e légions.

Le brave général Négrier a été tué sur une barricade près de la Bastille, le général Duvivier est blessé, le général Carbonnel l'est très-grièvement aussi ; sa blessure est mortelle, il y succombera. Ce n'est qu'à la nuit que le général Lamoricière, qui dirigeait le mouvement de la troupe du faubourg du Temple à la Bastille, par le boulevard, est parvenu à faire sa jonction avec la colonne du général Duvivier, qui opérait par la rue Saint-Antoine.

L'archevêque de Paris, accompagné de ses quatre grands vicaires, s'est spontanément rendu, à quatre heures de l'après-midi, auprès du général Cavaignac, chef du Pouvoir exécutif, à l'hôtel de la présidence. Il a offert d'aller lui-même porter des paroles de paix aux insurgés, et de mettre au service de la République son dévouement et celui de son clergé. Le général l'a reçu avec toute la cordialité que méritait une offre aussi généreuse et aussi chrétienne. Le digne prélat, accueilli sur son passage par des marques unanimes de respect, est parti emportant la dernière proclamation adressée par le général Cavaignac aux révoltés. Arrivé, avec deux de ses vicaires généraux, MM. de La Bouillerie et Jacquemet, et un jeune homme, sur la place de la Bastille occupée par le 24ᵉ de ligne, il s'est abouché avec le colonel, lui a montré la proclamation du général Cavaignac et l'a prié de suspendre le feu. Le colonel y a consenti. On s'est retiré, quelques moments, dans une ambulance voisine. Le jeune homme a mis son mouchoir au bout d'un bâton et a marché vers la barricade élevée au débouché du faubourg Saint-Antoine. La troupe de ligne avait cessé son feu, les insurgés cessèrent le leur ; l'archevêque s'avança du côté de la barricade sans y monter. Les révoltés vinrent à sa rencontre, et un colloque s'engagea. Mais un coup de fusil, suivi d'une clameur, rompit brusquement la conférence. Ce fut comme un signal ; une décharge générale s'échangea des deux parts. L'archevêque, sans se troubler, court à la barricade, la franchit, la descend et tombe. Il était atteint au flanc gauche, vers la région inférieure de la colonne vertébrale. La blessure se dirigeait de haut en bas.

Les insurgés l'entourèrent, et, l'ayant relevé avec de grandes marques de respect, le portèrent, non à l'hospice des Quinze-Vingts, comme on l'a dit, mais chez le respectable curé de la paroisse Saint-Antoine, l'abbé Delamarre, qui, aidé de sa famille, l'a soigné dans son propre appartement. Une députation est venue protester de la part des révoltés qu'ils n'avaient point tiré sur le prélat, et M. le vicaire général Jacquemet leur a délivré un certificat constatant qu'en effet, la blessure ayant été reçue par derrière et de haut en bas, il était persuadé qu'elle n'avait pu avoir d'autre cause qu'un accident.

Cependant, le jeune Martin (Hyacinthe), âgé de dix-huit ans, garde mobile du 13e bataillon, enlevait, au milieu d'une grêle de balles, un drapeau que les insurgés avaient planté sur une barricade de la rue Ménilmontant. Le général Lamoricière envoie ce jeune homme, ou plutôt cet enfant, à l'Assemblée nationale. Martin est présenté au général Cavaignac, qui l'embrasse avec effusion, et, retirant de la boutonnière du colonel Charras la décoration de la Légion-d'Honneur, la lui remet, en lui disant : « Tu l'as bien méritée. — Oh! comme mon père va être content! » s'écrie Martin, en fondant en larmes.

Une douzaine d'autres gardes mobiles, dont plusieurs blessés et porteurs de drapeaux enlevés sur des barricades, sont conduits à la présidence de l'Assemblée. On les présente au général Cavaignac et au citoyen Sénart, qui leur adressent les félicitations les plus cordiales. Un de ces enfants, âgé de seize ans et demi, le nommé Delrat (André-Charles), appartenant au 9e bataillon, a pris, à lui seul, cinq insurgés, cinq fusils et cinq drapeaux sur cinq barricades différentes de la rue de Reuilly. Exténué de fatigue et se trouvant mal, on le transporte dans une des cours du palais, où il reçoit les secours de plusieurs femmes. « Où est-il ? » s'écrie le président Sénart, et il se fait conduire auprès du jeune mobile : « Mon enfant, lui dit-il, puisque vous ne pouvez venir vers le Président de l'Assemblée, le Président vient à vous ; » et il l'embrasse avec effusion. Ce jeune brave a reçu la croix d'honneur, qu'il a si bien méritée.

Un autre, pendant qu'un chirurgien panse la blessure qu'il a au genou, écrit à sa mère : « Peux-tu croire à l'heureuse nouvelle, toi qui me traitais de mauvais soldat ? lui dit-il. Eh bien ! je t'apprends que je suis décoré de la Légion-d'Honneur, que m'a posée sur la poitrine le général Cavaignac, pour avoir enlevé un drapeau sur la barricade du faubourg Saint-Denis, à La Chapelle... Le brave camarade garde national qui te remettra cette lettre, est chargé de t'embrasser pour moi, en attendant que je puisse le faire moi-même, ou que tu apprennes que tu n'as plus de fils.... Pour le quart d'heure, je n'ai que le genou très-peu fracassé. C'est si peu de chose, que j'hésitais à te le faire savoir.... Je t'embrasse de tout mon cœur, et j'espère aller me promener avec toi, et te faire respecter par tout le monde ; et je crois qu'il sera honorable pour toi de te voir à mon bras et que l'on me rendra les honneurs dus à un vieux soldat d'Afrique..... Ton fils tout dévoué : AMÉDÉE LECORNU, chevalier de la Légion-d'Honneur. »

Dans la journée, M. Émile de Girardin, rédacteur en chef de la *Presse*, a été arrêté et mis au secret :

les scellés ont été apposés sur ses presses. Mᵐᵉ de Girardin n'a pu obtenir de communiquer avec son mari; sa mise en liberté sur caution a été refusée; la suspension de son journal a été, en outre, ordonnée, ainsi que celle des dix feuilles suivantes, de différentes opinions, dont les presses ont été mises également sous scellés : l'*Assemblée Nationale*; la *Liberté*; la *Vraie République*; l'*Organisation du Travail*; le *Napoléon Républicain*; l'*Aimable Faubourien*, *Journal de la Canaille*; le *Lampion*; le *Père Duchêne*; le *Pilori*; la *Révolution de* 1848.

Dans l'après-midi, une proclamation du Président de l'Assemblée nationale aux ouvriers a été affichée : « On vous trompe, y est-il dit, on vous égare... Jamais, quelle cruelle que soit la crise sociale, personne, dans l'Assemblée, n'a pensé que cette crise dût se résoudre par le fer ou la faim. Il ne s'agit point de vous enlever à vos familles, ni de vous priver des faibles ressources que vous trouviez dans une situation que vous étiez les premiers à déplorer... Le pain est suffisant pour tous, il est assuré pour tous, et la constitution garantira, à jamais, l'existence à tous. Déposez donc vos armes; ne donnez pas à notre chère France, à l'Europe jalouse et attentive, le triste spectacle de ces luttes fratricides. C'est la honte, c'est le désespoir, ce pourrait être la perte de la République... Fermez l'oreille à d'odieuses calomnies. »

Le général Cavaignac s'adresse, à son tour, aux ouvriers : « Une dernière fois, leur dit-il, au nom de tout ce qu'il y a de respectable, de saint, de sacré pour les hommes, déposez vos armes... La nation toute entière vous le demande. On vous dit que de cruelles vengeances vous attendent.... que vous serez sacrifiés de sang-froid. Ce sont vos ennemis qui vous tiennent ce langage. Venez à nous, comme des frères repentants et soumis à la loi ; les bras de la République sont tout prêts à vous recevoir. »

Trois décrets du même général enjoignent aux maires de Paris de procéder au désarmement des gardes nationaux qui, sans motifs légitimes, auraient manqué aux appels ; défendent, jusqu'au rétablissement de la tranquillité publique, l'affichage de tout placard traitant de matières politiques et n'émanant pas de l'autorité ; et annoncent que l'insurrection s'affaisse, que des quantités considérables d'armes lui sont enlevées, que la garde nationale et l'armée gagnent du terrain, et que la patrie et la société sont sauvées.

Le citoyen H. Corne, procureur général de la République près la Cour d'appel de Paris, adresse au citoyen Trouvé-Chauvel, préfet de police, trois dépêches défendant toute affiche particulière qui traite de matières politiques ; soumettant les crieurs et chanteurs des rues à l'autorité municipale ; et enjoignant aux imprimeurs de ne s'écarter en rien des prescriptions de la loi relative aux affiches et aux journaux.

A huit heures et demie du matin, l'Assemblée nationale est entrée en séance. Le Président a résumé, en peu de mots, la situation de la Capitale. Les nouvelles sont rassurantes ; la troupe de ligne et la garde nationale ont pris possession des barrières de Fontainebleau et d'Arcueil. On a reçu une députation des citoyens les plus honorables du faubourg Saint-Marceau. Le général Cavaignac a immédiatement délégué les représentants du peuple Vaulabelle (de l'Yonne), Froussard (de l'Isère) et de Ludre (de la Meurthe), pour prendre l'administration de la municipalité du 12e arrondissement. « Quant à l'état moral de la partie de la population entraînée à l'insurrection, je puis vous signaler, dit le citoyen Sénart, un sentiment profond de découragement, des regrets exprimés, ou la déclaration qu'ils ne savaient ce qu'ils faisaient. »

Un décret est voté ouvrant au ministère de l'intérieur un crédit de trois millions pour assurer, sans délai, à la population qui ne vit que de son travail journalier, les moyens de subsistance qui lui manquent dans la crise actuelle. Des mesures seront immédiatement prises dans chaque municipalité pour distribuer ces secours à domicile, soit en argent, soit en nature.

A midi, les représentants de la Seine-Inférieure vont recevoir la garde nationale du Hâvre qui arrive. A une heure des groupes animés se forment devant le banc des ministres. On interpelle M. Duclerc. «Tout n'est qu'indécision, » dit le général Subervie. « C'est indigne ! » s'écrie M. Luneau. MM. Carnot et Jean Reynaud sont aussi l'objet de vives interpellations.

Le Président confirme les nouvelles rassurantes

du matin. La rive gauche est tranquille. Sur la rive droite plusieurs barricades sont déjà enlevées rue Saint-Antoine, ainsi que dans les quartiers adjacents, et l'insurrection perd du terrain. M. de La Rochejaquelein obtient la parole après une vive insistance. « Comment, dit-il, au milieu d'événements pareils, si quelqu'un a une bonne pensée, il n'en pourra faire part à l'Assemblée ? Vous ne m'empêcherez pas de parler dans ce moment solennel où mon cœur voudrait s'épancher dans les vôtres ; vous ne me forcerez pas au silence. Je veux vous communiquer une pensée ; il s'agit d'un sentiment cordial, fraternel, patriotique. Personne ne doit vouloir s'arroger le monopole de la douleur qui nous domine sous le poids des infortunes auxquelles nous assistons. C'est le sentiment des malheurs de la patrie. Je suis un homme d'ordre et d'autorité. Je ne demanderai jamais à l'Assemblée un acte de faiblesse ; mais des bruits sont répandus ; je demande pour les faire cesser, que ce mot répété dans les faubourgs, ce mot, écoutez-bien ! *Malheur aux vaincus!* soit démenti. » (Explosion de murmures !) M. de la Rochejaquelein veut poursuivre ; sa voix est couverte par les exclamations de la salle. MM. d'Aragon, Vavin, Flocon, Vivien l'interpellent vivement ; il est impossible de rien entendre. Le Président se couvre. Pendant la suspension de la séance, les huissiers déploient derrière le président les drapeaux pris aux insurgés. Tous sont tricolores, à l'exception de deux, un rouge et un noir. On lit sur plusieurs : *Mort aux voleurs! mort aux pillards! Respect à la propriété!*

A la reprise de la séance, le Président déclare que

des bruits, perfidement répandus, exaltent le désespoir des révoltés. On leur a dit que le Pouvoir exécutif ne ferait point de quartier, et que ceux qui se rendraient, seraient tous massacrés. — Une voix de droite : « Ce sont des assassins ! des brigands ! » — Violents murmures à gauche et dans presque toute la salle. — De toutes parts : *Fraternité! Fraternité!*

Il est donné lecture d'une lettre du citoyen maire de Paris. La mairie du 9ᵉ arrondissement et les rues qui l'avoisinent ont été reprises pied à pied; des barricades formidables ont été enlevées après de rudes combats et des pertes douloureuses. Les insurgés s'étaient emparés des maisons et en avaient matelassé les croisées; ils tiraient de là presque à coup sûr. Ils avaient établi entre les bâtiments des communications intérieures qui leur permettaient de se rendre, par des allées couvertes, d'un point extérieur au centre, où les barricades les protégeaient. Ils avaient fait du quartier Saint-Antoine une immense forteresse qu'il a fallu démolir pierre à pierre. Nos colonnes sont en marche vers la place des Vosges (place Royale), pour reprendre la mairie du 8ᵉ arrondissement et attaquer le dernier asile de l'insurrection, au faubourg Saint-Antoine. Les hôpitaux, les ambulances sont encombrés. Jamais le pavé de Paris ne fut rougi d'autant de sang.

A huit heures du soir la séance est reprise. Le Président dépose une proposition qui sera discutée demain ; elle porte que tout individu pris les armes à la main sera immédiatement déporté outre-mer. La séance est levée à dix heures.

Pendant la journée, on a remarqué, dans un même

bataillon de la 1re légion, quatre officiers généraux, qui, tous quatre, récemment mis à la retraite, ont marché comme simples gardes nationaux. Ce sont les généraux Gourgaud, Rulhières, Delarue et Saint-Yon. Ce dernier a longtemps fait le coup de feu contre une barricade du faubourg Poissonnière.

JOURNÉE DU 26.

Nous touchons, grâce au Ciel, au dénoûment du drame fatal qui a plongé, durant quatre jours, Paris dans la consternation. La séance de l'Assemblée nationale est reprise à huit heures et demie. Le Président annonce que tous les points sont libres sur la rive gauche; sur la rive droite, les boulevards et les barrières sont également libres. Le faubourg du Temple est soumis; l'Hôtel-de-Ville et ses abords sont dégagés; on arrive sans obstacle à la place de la Bastille. Là, on se trouve en face du faubourg Saint-Antoine, dans lequel il s'est passé, cette nuit, de graves événements. Entre deux et trois heures du matin, le représentant du peuple Larabit arrivait à la présidence de l'Assemblée avec quatre individus se disant délégués de ce faubourg. M. Larabit, par le fait d'une mission de paix qu'il avait remplie auprès des insurgés avec l'archevêque de Paris et deux autres représentants, les citoyens Beslay (du Morbihan), et Galy-Cazalat (de l'Ariége), s'était trouvé en contact avec les révoltés. Pris tous trois entre deux feux, sur une barricade, ils furent obligés d'en descendre et se virent bientôt au pouvoir des combattants. On les conduisit à un des chefs qui portait les insignes de capitaine de la garde nationale. Il leur promit de faire tous ses efforts pour les sauver, et les conduisit dans sa maison. Dans la nuit, quelques-uns des insurgés sont venus solliciter le concours de leurs prisonniers pour faire parvenir au gouvernement de la République des paroles qu'ils jugeaient propres à amener la cessation des hostilités. M. Larabit, d'accord avec ses collègues, a consenti à accompagner les délégués, s'engageant, si leurs propositions étaient rejetées, à revenir se constituer prisonnier.

La plupart des insurgés ignoraient les derniers décrets de l'Assemblée. « Ils ne peuvent pas, disent-ils, acheter les grands journaux; ils n'en ont qu'à un sou, et encore les leur donne-t-on le plus souvent. » Ces délégués apportaient une déclaration, une adresse au Président; ils demandaient une amnistie; à cette condition ils se faisaient fort de déterminer le faubourg à renoncer à une lutte à mort. « Ils ne désirent pas, ajoutent-ils, l'effusion du sang de leurs frères; ils ont toujours combattu pour la République démocratique; ils veulent conserver leurs titres et tous leurs droits de citoyens français. » L'adresse est suivie de quelques lignes du citoyen Larabit, qui engage le Pouvoir à admettre une demande ainsi juste, à laquelle il déclare adhérer, ainsi que les deux autres représentants.

En l'absence de l'Assemblée, le président Sénart et le général Cavaignac, après s'être consultés, résolurent de ne rien déranger au plan du général Lamoricière, chargé d'attaquer le faubourg du Temple, qui s'appuie sur le faubourg Saint-Antoine, et de lui laisser toute sa liberté d'action.

« Citoyens, a répondu le président Sénart aux délégués, si vous voulez conserver les titres et les droits, et remplir les devoirs de citoyens français, détruisez vous-mêmes vos barricades, soumettez-vous et rentrez, en enfants soumis et repentants, dans le sein de la République. »

Cette lettre a été remise, en plusieurs copies, aux délégués, qui sont repartis, à six heures du matin, avec le citoyen Larabit. Depuis lors, de nouvelles tentatives ont été faites par les insurgés. Cette fois, ils demandent une amnistie pleine et entière, la conservation de leurs armes, la liberté de leurs frères. Il leur a été répondu que ces conditions étaient inacceptables ; et le général Cavaignac a déclaré qu'il voulait une soumission absolue.

En conséquence, les opérations militaires ont repris leur cours. La colonne du général Lamoricière, qui s'était adjoint le général Dupouey, ayant terminé ses opérations dans le faubourg du Temple, a reçu l'ordre de se porter sur le faubourg Saint-Antoine, pour agir sur un des côtés tandis que la colonne du général Duvivier, commandée par le général Perrot, en remplacement du général Duvivier blessé au pied, se porterait sur l'autre. L'attaque a été remise à dix heures du matin. Ce délai donne aux insurgés le temps de faire leur soumission. (Tous les yeux se portent vers le cadran de l'Assemblée qui marque neuf heures un quart.)

Le Président regarde désormais le triomphe de la

République comme certain. Il annonce le désarmement immédiat de tout garde national qui ne se sera pas rendu à l'appel, et la fermeture des clubs reconnus dangereux. Une troisième mesure est dirigée, dit-il, contre les journaux anarchiques ou hostiles à la République.

Un décret est voté sans discussion ; il établit une commission de quinze membres, nommée, le lendemain, dans les bureaux, pour rechercher, par voie d'enquête et par tous autres moyens, les causes de l'insurrection. Elle étendra ses investigations à tout ce qui peut être relatif à la violation de l'Assemblée nationale le 15 mai. Les membres désignés sont MM. Pougeaud, Waldeck-Rousseau, de Larcy, Delespaul, Woirhaye, Landrin, Odilon-Barrot, Beaumont (de la Somme), Goudchaux, Flandrin, Blanchard, de Mornay, Dahirel, Lanjuinais, Latrade.

Le Président soumet, de nouveau, le décret qu'il a présenté la veille, amendé d'après les observations qui lui ont été faites. Il porte que tout individu, pris les armes à la main, sera déporté dans une des possessions françaises d'outre-mer, autre que l'Algérie. Les membres composant la commission chargée de l'examiner sont MM. Stourm, Baroche, Bavoux, Vivien, Coralli, Meaulle, Jules Favre, Lignier, Billault, Delouche, Machet, Gustave de Beaumont, Laboissière, Rouher, Laboulie.

En ce moment, M. Garnier-Pagès, pâle et visiblement ému, entre dans la salle, monte au bureau et adresse, à voix basse, quelques mots au Président. Il est accompagné de M. Gaslonde (de la

Manche), qui gesticule avec chaleur. Un vif mouvement d'anxiété se manifeste dans l'Assemblée. Le Président pense que, d'après les observations qui viennent de lui être faites, le décret pourrait être modifié. Il propose le renvoi immédiat aux bureaux.

A onze heures et demie, M. Sénart monte vivement au bureau. «Citoyens! s'écrie-t-il, le faubourg Saint-Antoine s'est rendu à discrétion (sensation). Que Dieu soit béni! Le général Lamoricière venait de commencer l'attaque, une attaque vigoureuse, vigoureusement repoussée sur le côté gauche du faubourg, tandis que le général Perrot attaquait de front. Quelques minutes après, le général Lamoricière étant déjà fortement engagé dans les rues, un parlementaire s'est présenté, annonçant que le faubourg se rendait sans condition.... A l'instant, trois bataillons y ont pénétré.... Nous voilà sortis d'une crise terrible. Rendons-en grâces à Dieu qui sauvera la France. *Vive la République!*» (De toutes parts, *Vive la République!*)

M. Parisis, évêque de Langres, donne des nouvelles de l'Archevêque. Après avoir conféré avec le général Cavaignac, il s'était présenté aux insurgés et avait pénétré dans une barricade, comme intermédiaire de paix. Au moment où il commençait à leur parler, un roulement de tambour donne un signal; deux décharges suivent, l'une des troupes, l'autre des insurgés, et une balle frappe l'Archevêque dans les reins assez profondément. Il en est résulté une blessure grave. On craint les suites de l'opération. Le prélat a demandé à être administré. Au reste, les hommes du faubourg protestent que le coup n'est pas parti de leur côté, ils l'ont même fait constater par un certificat de chirurgien. Dans tous les cas, ce coup est le résultat d'un accident. (Rumeurs prolongées à droite).

M. Beslay (du Morbihan) déclare que la veille, vers sept heures et demie, il était sur la place de la Bastille, où il croyait pouvoir être utile, ayant des connaissances dans le faubourg. Dès que les insurgés surent que des représentants venaient à eux, ils accoururent en foule. Ils ne connaissaient pas la proclamation du général Cavaignac; ils déclarèrent que, s'ils l'avaient connue à temps, elle les aurait désarmés. Quelques-uns menacèrent les députés de les garder et de les exposer sur les barricades au feu des troupes, certains que les troupes ne tireraient pas.

M. Beslay offrit d'y monter, à condition qu'on lui donnerait un pistolet, avec lequel il se brûlerait la cervelle quand la garde nationale paraîtrait. « Vous êtes un brave, » lui dirent-ils, et ils protégèrent sa retraite. Sur les boulevards, il rencontra le général Lamoricière et le pria de faire cesser le feu et de tenter un accommodement. C'est au moment où l'on s'approchait pour parlementer que sont partis les coups de feu dont l'un a blessé l'archevêque.

Le Président annonce qu'il vient de recevoir une seconde dépêche annonçant que la reddition est complète. A peine la séance est-elle suspendue, que M. Poujoulat entre en criant : « Trahison ! trahison ! Ils ont fait engager un bataillon dans le faubourg pour nous exterminer. » Cette nouvelle cause une stupeur profonde ; il ne reste plus qu'à anéantir ces bêtes féroces. Une heure se passe dans d'horribles angoisses. M. Sénart parle à voix basse dans les groupes ; on ne sait rien de précis. On craint qu'il ne faille faire une boucherie de vingt mille hommes.

Heureusement l'ardeur méridionale du député de Marseille lui a fait accepter, au premier bruit, un fait de trahison, bientôt démenti et expliqué. C'est par un malentendu déplorable qu'un coup de feu a atteint un insurgé. Au même instant, M. Antony Thouret monte au bureau et adresse au Président quelques mots à voix basse. On crie de toutes parts à l'ordre ! M. Sénart explique l'insistance généreuse de son collègue, qui tient à lui annoncer la délivrance de M. Larabit, qu'il vient d'embrasser lui-même.

La lutte fratricide est donc terminée ! M. d'Adelsward essaie en vain de jeter de nouveaux doutes dans les esprits. On ne veut pas croire à ses paroles, et l'on fait bien. Tandis qu'un brave maréchal-des-logis, après avoir parcouru tout le faubourg, en rapporte la bonne nouvelle d'une pacification complète, l'honorable député des Vosges, plein de préoccupations effrayantes, annonce la continuation de la lutte et ajoute cette très-extraordinaire et très-intéressante nouvelle que trois *mobiles* se sont particulièrement distingués. Ce bulletin de commère n'a pas eu de succès, et les protestations dédaigneuses du Corps-législatif en ont fait justice. L'Assemblée, en apprenant avec certitude la fin de cette lutte cruelle, n'a pas fait éclater de violents transports. Un seul cri, celui de *Vive la République*, s'est échappé de toutes ces poitrines soulagées.

Quittons maintenant l'Assemblée pour revoir, un instant, le dernier boulevard de l'insurrection. Les insurgés tenaient encore hier soir, au faubourg Saint-Antoine, au faubourg du Temple, au Marais; et la caserne des Célestins était occupé par eux. Ils ont été débusqués, le soir même, de cette caserne. Dans la nuit, ils ont fait de nouveaux efforts pour reconquérir les barricades de la place de la Bastille faisant face à la rue Saint-Antoine. L'artillerie de la garde nationale et de l'armée, postée dans cette rue, avait dû tirer une grande partie de la nuit sur la place de la Bastille. Au faubourg du Temple, la résistance a été très-vive. Les barricades n'ont été enlevées que vers huit heures du matin, avec des pertes cruelles. A l'attaque d'une barricade de la rue Saint-Sébastien, deux chefs de bataillon, dix officiers et cent vingt hommes ont été mis hors de combat. Enfin, les insurgés ont été rejetés au-delà de la caserne de la Courtille.

On a vu comment trois représentants, MM. Larabit, Beslay et Galy-Gazalat, après avoir fait entendre aux insurgés des paroles de paix et de consolation, les avaient déterminés à envoyer des parlementaires à l'Assemblée nationale. M. Larabit les y avait conduits lui-même, leur promettant, sur l'honneur, qu'il ne leur serait rien fait. Il avait laissé au faubourg ses collègues pour ôtage, s'engageant également, sur l'honneur, à revenir. Nouveau

Régulus, il a tenu parole, leur proposition n'ayant pas été accueillie, et il est allé se reconstituer prisonnier. Grâce au Ciel, l'analogie s'est arrêtée là. Il rapportait une mauvaise nouvelle, un ultimatum rigoureux ; dans l'état d'exaspération des combattants, il pouvait s'attendre à être immédiatement fusillé. Sa loyauté a eu sa récompense. Vers onze heures, un de ceux qui avaient protégé la vie des trois représentants, les a engagés à s'esquiver, et leur a indiqué l'itinéraire à suivre pour sortir du faubourg, sans courir risque de tomber au pouvoir des siens : double acte de loyauté qui console au milieu de tant de scènes de barbarie.

Le général Perrot ayant donné aux insurgés jusqu'à dix heures pour réfléchir et se rendre sans condition, trois batteries ont été braquées sur le faubourg. Pendant cette trêve, quelques pourparlers ont eu lieu entre les chefs des premières barricades et un capitaine d'artillerie de la garde nationale, auquel s'était joint le ministre de l'intérieur, M. Recurt, bien connu dans ce quartier comme ancien capitaine de la garde nationale et comme médecin, chéri et estimé de tous. Des paroles de regrets réciproques, des larmes, des étreintes d'attendrissement ont été échangées. Enfin, avant onze heures, les insurgés avaient capitulé sans condition. Le coup de feu parti par mégarde, et qui a atteint l'un d'eux après la reddition, ne les a pas empêchés de tenir religieusement leur parole et de se retirer en se laissant désarmer. Plusieurs ont travaillé même à la démolition de leurs barricades.

Trente représentants du peuple, parmi lesquels on cite les citoyens Bac, Baune, Avond, Bonjean, Ducoux, Anthony Thouret, étaient présents au moment de la retraite des insurgés; ils ont rivalisé d'efforts pour sauver une centaine de prisonniers que la garde mobile venait de faire.

Dans la journée, des dames, venues de quartiers divers et éloignés, arrivaient à l'Assemblée nationale pour protester contre l'effusion du sang, et pour implorer le pardon de leurs frères égarés. On en a vu qui pleuraient des parents, des amis, morts pour la défense de l'ordre et de la paix, et qui, cependant, demandaient grâce pour les insurgés. Les consignes étaient si sévères, qu'elles n'ont pu parvenir jusqu'au Président; mais elles lui ont fait passer, dans des adresses collectives, le vœu de leurs belles âmes. Beaucoup d'autres vont se faire inscrire aux hôpitaux pour servir d'infirmières. L'une d'elles disait, les larmes aux yeux : « C'est aux femmes, à leur tour, de faire le service de garde national. Après le combat, les soins pieux pour tous les blessés, la reconnaissance pour les uns, le pardon pour les autres, la fraternité pour tous. » Honneur aux femmes françaises !

La garde nationale mobile a éprouvé des pertes considérables. Plusieurs bataillons ont été décimés : le 7ᵉ a perdu 300 hommes sur 700; le 19ᵉ a été encore plus maltraité à l'attaque d'une barricade de la rue Saint-Jacques; le 16ᵉ, qui se trouvait sur le même point, a perdu beaucoup de monde en abordant la barricade de la rue de l'Estrapade.

Son commandant, M. Cipoline, a été percé d'une balle au bas ventre.

Un certain nombre d'insurgés s'est enfui dans la plaine derrière Montmartre et dans les bois de Verrière. D'autres ont été arrêtés et deux chefs fusillés. Comme un prisonnier passait dans la rue Neuve-Coquenard, des gardes nationaux ont crié à ceux qui le conduisaient : « Ne lui faites pas de mal. Honneur au courage malheureux ! »

Trois nouvelles proclamations du général Cavaignac sont affichées : l'une invite les maires de Paris à réunir les armes des insurgés pour les déposer au Musée d'artillerie ; les deux autres, adressées à la garde nationale et à l'armée, les invitent à ne pas souffrir que le triomphe de l'ordre, de de la liberté, de la République, devienne un signal de représailles. Il désire qu'elles soient aussi grandes dans le calme qu'elles l'ont été dans la lutte.

A midi, après que le faubourg Saint-Antoine fut tombé au pouvoir des troupes, l'Archevêque sortit du presbytère de la paroisse Saint-Antoine, porté sur un brancard construit à la hâte avec quelques pièces de bois, le corps et le visage couverts d'une toile. Il est arrivé à sa demeure, île Saint-Louis, à une heure précise. Le cortége était composé de quelques gardes nationaux, ayant un colonel en tête, du docteur Cayol, de deux chirurgiens militaires, du curé de Saint-Antoine et de plusieurs serviteurs. Un assez grand nombre d'ecclésiastiques attendaient dans la cour de l'archevêché. On remarquait parmi eux les curés de Saint-Louis-d'Antin et de Saint-Étienne-du-Mont, l'abbé Cœur, l'abbé Maret, etc. L'Archevêque a été porté en brancard jusqu'à sa chambre à coucher et déposé sur son lit. C'est à ce moment qu'on a levé la toile, et il a pu voir autour de lui des larmes contenues, mais sortant du cœur de tous.

La veille, avant de se rendre auprès du général Cavaignac, il avait dit à ses vicaires généraux : « C'est le sacrifice de ma vie, mais il est fait. » Dieu a daigné recevoir ce sacrifice et y apposer le sceau de la réalité. Il convenait que le sang français qui a coulé de tant de cœurs dévoués à la patrie, coulât aussi pour elle du cœur d'un prêtre et d'un prélat. Dieu pèsera dans l'équité de sa miséricorde le sang de nos pères et de nos frères, le sang de ces jeunes hommes enlevés par la guerre civile à la joie de leurs années, le sang des braves qui avaient espéré le répandre sur de meilleurs champs de bataille; enfin, mêlé à tous les autres et béni avec eux, le sang du pontife qui vient de recevoir la mort en annonçant la paix. Le digne prélat a succombé à sa blessure à quatre heures de l'après-midi. Il avait remis dans le faubourg Saint-Antoine, à un jeune mobile qui le gardait, un morceau de la vraie croix, en lui disant : « Prends et garde, mon enfant, ceci te portera bonheur. » La veille de sa mort, à huit heures du soir, il avait perdu connaissance; il l'a recouvrée avant d'expirer : il a pu adresser la parole à son clergé; il lui a laissé pour adieux la recommandation de redoubler de zèle et de charité; il a exprimé enfin le vœu que son sang fût le dernier versé dans la guerre civile.

A peine avait-il fermé les yeux, que MM. Marchand-Ennery et Isidore, grands rabbins des consistoires israélites, central et départemental, sont arrivés à l'archevêché.

Le corps du prélat a été embaumé par M. Gannal. Étendu sur son lit de parade, revêtu de ses habits pontificaux, il est devenu un but chrétien de pèlerinage, pour toute la population parisienne, qui s'y est portée en foule.

Voici l'appel aux combats que les insurgés avaient fait afficher sur les murs du faubourg Saint-Antoine :

« Aux armes !

» Nous voulons la République démocratique et sociale.

» Nous voulons la souveraineté du peuple.

» Tous les citoyens d'une République ne doivent et ne peuvent vouloir autre chose.

» Pour défendre cette République, il faut le concours de tous. Les nombreux démocrates qui ont compris cette nécessité, sont déjà descendus dans la rue depuis deux jours.

» Cette sainte cause compte déjà beaucoup de victimes; nous sommes tous résolus à venger ces nobles martyrs, ou à mourir.

» Alerte, citoyens ! que pas un seul de nous ne manque à cet appel.

» En défendant la République, nous défendons la propriété.

» Si une obstination aveugle vous trouve indifférents devant tant de sang répandu, nous mourrons tous sous les décombres incendiés du faubourg Saint-Antoine.

» Pensez à vos femmes, à vos enfants! vous viendrez à nous. »

Dans l'imprimerie Guillois, faubourg Saint-Antoine, 123, on a trouvé une autre proclamation des révoltés qui y avait été apportée le dimanche soir, et qui devait être imprimée le lundi matin. Les événements qui se sont succédé, ne l'ont pas permis. En voici le texte :

« Eh quoi ! le canon gronde, la liberté meurt, et nos ennemis, comptant sur la victoire qu'ils n'auront pas, osent appeler pillards, les hommes qui ont supporté patiemment la faim, alors que les *satisfaits* insultent à leur misère. Sachons vaincre et respecter la propriété de nos frères, qui sont trompés à notre égard et qui nous calomnient.

» Aux armes, citoyens ! aux armes !

» Vive la République démocratique !

» Protestons tous contre les tyrans qui nous font massacrer pour leur ambition.

» Rallions-nous, nous les vaincrons. »

Au même instant, une nouvelle proclamation du maire de Paris invitait les maires de ses douze arrondissements, à donner aux colonels de leurs douze légions, les instructions nécessaires pour retirer la consigne qui interceptait la circulation dans Paris, et dont la sévérité nécessaire avait été encore exagérée, dit-il, par un zèle dont il aime à louer au moins la bonne intention. Cette phrase a excité de vives réclamations dans la garde nationale.

Malheureusement les derniers coups de fusil n'avaient pas encore attristé Paris. Dans la nuit du 26 au 27, un accident grave devait avoir lieu aux Tuileries, au moment de la translation des prisonniers qui avaient été enfermés dans les caves et souterrains du château. Déjà, vers sept heures et demie, 127 prisonniers avaient été conduits des Tuileries à l'École Militaire. A minuit, moins un quart, un autre convoi de 120, qui allait être dirigé vers le Luxembourg, sortait des Tuileries par le guichet du pavillon de Flore et traversait le Carrousel, escorté par 300 gardes nationaux du Loiret, lorsque, parvenus à la hauteur de l'hôtel de Nantes, ces prisonniers firent un effort pour rompre les rangs de leurs gardiens, et réussirent en deux ou trois endroits. Ces prisonniers, qui avaient les mains libres, ont pu désarmer des hommes de l'escorte, et échanger avec eux quelques coups de feu.

Ces coups de feu et les cris des gardes nationaux de l'escorte jettent l'alarme et la confusion dans toute l'enceinte du Carrousel et des Tuileries. Les hommes des postes voisins, se croyant trahis et attaqués, tirent aveuglément au hasard. Une fusillade générale s'engage, les balles se croisent dans tous les sens et vont faire partout des victimes, dans les rangs des gardes nationaux comme dans ceux des prisonniers.

Quand on a pu reconnaître cette fatale méprise et faire cesser ce feu meurtrier, la cour du Carrousel offrait un horrible spectacle : une trentaine de prisonniers étaient tués ; près de cinquante gardes nationaux étaient blessés. Plusieurs de ces gardes nationaux, vêtus de blouses, avaient été confondus avec les insurgés et fusillés comme eux. Quelques prisonniers sont parvenus à s'évader ; plusieurs sont grièvement blessés et laissent peu d'espoir.

Le général Clément Thomas, quoique souffrant de sa blessure, s'était levé à la hâte, et appuyé sur le bras d'un officier d'état-major, s'était jeté au devant du feu. Deux officiers d'état-major de la garde nationale ont été blessés, ainsi qu'un adjudant du château. Un ingénieur du Pas-de-Calais a été tué. Parmi les gardes nationaux morts on cite le chef de bataillon de la garde nationale de Cambrai, M. Durrieu.

Le 27, la circulation ayant été rétablie de bonne heure dans Paris, la foule n'a pas tardé à se précipiter dans les rues, sur les places et sur les boulevards. Les femmes surtout paraissent avides d'air et de liberté. Le théâtre de la lutte, dans l'espace compris entre l'Hôtel-de-Ville et l'église Saint-Paul, présente l'aspect d'une ville qui aurait essuyé les horreurs d'un long bombardement. Des façades entières ont disparu sous l'effort de la canonnade et des obus. Des boutiques, des appartements sont dévastés ; il ne reste plus, pour ainsi dire, de carreaux aux croisées. De tous côtés, ce sont des traces ensanglantées.

La rue du Pourtour Saint Gervais a beaucoup souffert; les maisons sont criblées de balles; mais c'est surtout en remontant la rue Saint-Antoine, à partir de la place Baudoyer, qu'un spectacle affreux frappe les regards. Les maisons rue Saint-Antoine, n⁰ˢ 27 et 29, à l'angle de la rue Cloche-Perche, le commerce de vins de Delaborde, le café Momus, la boutique du coiffeur Girard, le café Louis, n° 50, la maison du *Paradis des Dames*, n° 81, la maison Bonnet, marchand de vin, à l'angle de la rue Casse-Tête, sont les unes presque démolies, les autres sillonnées de balles et de coups de biscaïen.

Tous les acacias à l'entrée de la rue Saint-Antoine, près de la place de la Bastille, ont été coupés par les boulets.

A l'entrée du faubourg Saint-Antoine, la maison de la *Belle Fermière* a beaucoup souffert aussi; elle a été incendiée par les obus, ainsi que le café voisin, à l'entrée de la rue de la Roquette, qui s'est affaissé en décombres; les pompiers ont dû éteindre le feu. La maison du fameux conspirateur Pepin et celle qui forme l'angle de la rue de Charenton, ont été cruellement endommagées par les batteries établies à l'angle de la place, près des ateliers des frères Chevalier. Des pans de murs ont été abattus. L'entrée du faubourg et de la rue de Charenton présente un spectacle indescriptible. Toutes les maisons, sur une surface de 300 mètres, sont criblées de boulets.

Les rues des Arcis et Planche-Mibray, la rue de la Cité, la maison même de la *Belle Jardinière* et la rue

Saint-Jacques ont moins souffert qu'on ne l'a prétendu. Dans toutes ces rues, dans la Cité, dans les faubourgs Saint-Jacques et Saint-Marceau, les barricades ont été bientôt effacées et les pavés remis en place. Saint-Méry, Saint-Séverin, l'Hôtel-de-Ville, le Panthéon, le Val de-Grâce, Saint-Gervais et Saint-Paul ont été convertis en ambulances et en dépôts de cadavres. Le poste de la place Maubert a été brûlé et démoli.

La curiosité amène, chaque jour, au faubourg Saint-Antoine une foule avide de contempler les traces de la lutte acharnée qui s'y est livrée. On veut voir ces murailles déchirées par les balles, trouées par les boulets, ces fenêtres sans vitres ; on veut lire sur les figures des habitants les émotions de ce long combat ; on veut entendre d'eux-mêmes le récit de cette douloureuse commotion. Toutefois, il faut bien le dire, la curiosité des premiers jours avait un caractère de gravité et de tristesse sérieuse. Maintenant on profite, pour diriger de ce côté ses promenades en voiture, du replacement des pavés ; de longues files d'équipages, chargés d'hommes et de femmes brillamment parés, suivent la ligne des boulevards dévastés par l'insurrection, et font une sorte de Longchamp profane de ce chemin de la croix qui va de Saint-Gervais à la barrière du Trône. Est-ce donc là un spectacle où l'on puisse accourir insouciant et léger ? la curiosité qui ne garde pas la réserve due au malheur, n'est-elle pas cruelle et impie ? Ce faubourg regorge de malheureux sans pain, sans travail et dont les blessures sont saignantes. Que cet irrésistible entrainement de la curiosité s'allie donc, au moins, à un peu d'humanité chrétienne : que les voitures des visiteurs apportent du linge, des vêtements, des secours de toute nature; et les pérégrinations dans ce quartier lointain deviendront une cause féconde de ralliement, au lieu d'être un nouveau sujet d'irritation. On parcourra alors ce vaste champ de lutte fratricide pour y puiser de graves et tristes enseignements; car il ne faut pas oublier que les vaincus sont des Français, comme nous, et que notre victoire est un deuil pour la France.

On calcule qu'il y avait, au moins, 4,000 insurgés au Panthéon, 6,000 à l'Hôtel-de-Ville, 20,000 au faubourg Saint-Antoine; en tout de 45 à 50,000. Beaucoup de ces bandes étaient commandées par des chefs portant le costume d'officiers de la garde nationale. Le nombre des victimes est immense, on ne l'évalue pas à moins de 15,000 hommes tués ou blessés de part et d'autre. Le nombre des barricades dépassait 500 sur les deux rives.

Les anciens militaires assurent que jamais, dans les batailles de l'Empire, la proportion des généraux tués et blessés n'a été aussi considérable, et que jamais, dans des assauts livrés à des places fortes ou à des redoutes, on n'a perdu autant de monde.

Le nombre des prisonniers dépasse, dit-on, 7,000. Leur situation a été sensiblement améliorée par ordre du Pouvoir exécutif. Dans la chaleur du combat, attendu leur grand nombre, la difficulté de les transférer de loin, et l'insuffisance des prisons, ils ont dû malheureusement être entassés pêle-mêle dans des locaux insuffisants. Les cadavres, sur certains points, gisaient avec les vivants; il s'en exhalait une affreuse putréfaction, qui produisait des aliénations mentales, et menaçait d'engendrer des fièvres typhoïdes. Hommes, femmes, vieillards, enfants étaient entassés sur le sol, les mains serrées par d'affreuses cordes, mourant de faim et de soif, menacés de la fusillade à la moindre tentative d'évasion. Aujourd'hui on les évacue peu à peu sur les forts détachés qui entourent Paris, où ils seront beaucoup mieux.

M. de Cormenin, chargé par le chef du Pouvoir exécutif de les visiter, s'est admirablement acquitté de sa mission; il est devenu la providence de ces malheureux. La plupart sont de pauvres ouvriers. Ils demandent à écrire à leurs familles pour les rassurer, et à être interrogés le plus promptement possible. M. de Cormenin désire que l'on commence par les enfants de douze ans et au-dessous. L'instruction se poursuit, du reste, avec activité; elle est faite par des militaires et des magistrats. Le procureur général a mis tout son parquet à la disposition du Pouvoir exécutif. Il s'agit d'une mission d'humanité, car qui sait si beaucoup d'innocents ne sont pas mêlés à ces grands coupables ?

L'Assemblée nationale, de son côté, a poursuivi le cours de ses délibérations à l'issue des funestes journées que nous venons de traverser. Dans la séance du 27, le président Sénart annonce que le désarmement des 9ᵉ et 12ᵉ légions s'opère avec facilité ; les clubs sont fermés ; l'Assemblée, devançant un vœu national, a pourvu momentanément au soutien des veuves, des enfants et des familles de ceux qui ont succombé pour la défense de l'ordre ; elle les adopte, puis elle pense aux honneurs à décerner à ceux qui, avec un courage si héroïque, ont sacrifié leur vie au salut de la patrie. Une Commission de neuf membres est tirée au sort pour s'occuper de ce funèbre devoir, de concert avec le Pouvoir exécutif.

Le rapport de M. Meaulle, membre de la commission chargée d'examiner le projet de déportation des insurgés, annonce que cette commission a pris pour base deux systèmes également absolus : le premier, celui du projet de décret, prononçant la déportation contre tous les insurgés pris les armes à la main ; le second, celui du Pouvoir exécutif, livrant tous les coupables à la juridiction des conseils de guerre.

Cette manière de poser la question semblait imputer au Pouvoir exécutif une sévérité plus grande que celle du projet de décret. Le général Cavaignac n'a pas voulu rester, une minute, sous le poids d'une pareille supposition ; il est monté à la tribune : « Je m'étonne, a-t-il dit d'un accent profond et pénétré, que l'on ait pu prononcer des paroles qui tendraient à me présenter comme disposé à plus de sévérité que cette Assemblée, que la nation entière. Je repousse avec énergie tout ce qui pourrait faire croire à une attitude semblable de ma part. Nous faisons de l'histoire ici ; et je tiens à y figurer avec mes sentiments, et non avec ceux qu'on pourrait me prêter ; toutes mes observations, tous mes efforts ont tendu à l'atténuation des mesures sévères que les circonstances commandent. »

Ces paroles ont fait une impression profonde sur l'Assemblée. M. Meaulle est venu, du reste, protester contre l'interprétation donnée à son rapport. Le décret proposé par la Commission prononce la transportation dans des possessions trans-maritimes, autres que celles de la Méditerranée, contre tous les insurgés pris les armes à la main, et réserve aux conseils de guerre l'instruction contre les chefs de la révolte. Un troisième article renvoie à un décret ultérieur la réglementation du régime auquel seront soumis les déportés. Que la société se mette à l'abri de pareilles tentatives, rien de mieux ; mais que, dans aucun cas, elle ne se donne pour but la vengeance. M. Pierre Leroux a prononcé, dans ce sens, des paroles de charité vraiment chrétienne, ainsi que M. Caussidière. Le premier a obtenu que les femmes et les enfants pussent suivre leurs maris et leurs pères. M. Gustave de Beaumont voulait que ce fût à leurs frais. L'Assemblée s'est montrée plus humaine ; mais elle a rejeté un amendement de M. Legraverend qui exemptait de la déportation les jeunes gens au-dessous de dix-huit ans et les vieillards au-dessus de soixante. Elle a dû, à la réflexion, en éprouver du regret.

Le 28 juin, à sept heures du matin, les premières gardes nationales des départements accourus au secours de la République, au nombre de 40,000 environ, après avoir passé la revue du général Cavaignac dans la cour des Tuileries, défilaient devant l'Assemblée nationale réunie sur le perron du Palais-Législatif. Il en était venu du département du Nord, de l'Aube, de la Côte-d'Or, de la Haute-Marne, du Cher, de l'Indre et jusque du Finistère. Le mouvement continue; la Vendée, le Poitou, la Saintonge, la Gironde même nous ont envoyé leurs contingents, et il est à croire que, malgré le contre'ordre donné, aucun département de France ne manquera à l'appel.

Dans la séance du même jour, et conformément à l'annonce qu'il en avait faite la veille, le général Cavaignac a déposé les pouvoirs qui lui avaient été conférés : « Je distingue, a-t-il dit, deux choses dans la situation, le maintien de l'état de siége, qui me parait nécessaire, et la cessation du pouvoir dictatorial qui m'avait été confié dans des circonstances qui réclamaient l'urgence. » Il a annoncé, en même temps, la démission du ministère, qui n'était resté que sur son invitation, et dont l'intention était de suivre dans sa retraite la Commission exécutive.

L'Assemblée a voté par acclamation des remercîments au général Cavaignac; un décret est rendu portant qu'il a bien mérité de la patrie. Sur sa demande, le décret adresse les mêmes remercîments à la garde nationale, à l'armée, aux généraux, au Président de l'Assemblée, et à l'Archevêque, noble martyr de la charité chrétienne.

Plusieurs membres demandent que l'Assemblée n'accepte pas la démission du général Cavaignac. M. Martin (de Strasbourg) propose qu'on lui confère le Pouvoir exécutif, avec le titre de président du conseil des ministres, et le choix de son ministère. La remise du Pouvoir exécutif au général Cavaignac a été votée à l'unanimité, moins une voix. Contre le droit qu'on lui accorde de choisir les ministres, trente ou quarante membres seulement se sont levés.

A la séance du soir, le général a fait connaître les noms des nouveaux ministres. Ce sont : à l'intérieur, Sénart; aux affaires étrangères, Bedeau; aux Finances, Goudchaux; à la justice, Bethmont; à la guerre, Lamoricière; à l'instruction publique, Carnot; à l'agriculture et au commerce, Tourret (de l'Allier); aux travaux publics, Recurt; à la marine, Bastide. Le général Changarnier a été nommé général des gardes nationales de la Seine.

A l'ouverture de la séance du 29, l'Assemblée a voté une pension de 3,000 fr. à la veuve du général Négrier, reversible sur la tête de ses enfants; elle a décidé que le jeune Négrier, âgé de 19 ans, et simple soldat volontaire, serait promu au grade de sous-lieutenant. Le reste de la séance a été presque entièrement rempli par le scrutin qui a porté le citoyen Marie à la présidence de l'Assemblée, en remplacement du citoyen Sénart, nommé ministre de l'intérieur. Un décret est voté d'urgence allouant un million pour secours aux gardes nationaux blessés et à leurs familles, et deux millions pour frais de séjour et de nourriture à Paris des gardes nationaux des départements.

Voici maintenant le triste côté de ce magnifique tableau du salut de la République, accompli avec tant d'union et de spontanéité. Dans les journées que nous venons de traverser, les défiances, l'irritation, les retentissements fébriles de la peur et de la haine, ont accrédité evec une déplorable rapidité les bruits les plus absurdes et les plus odieux.

C'était bien assez pourtant du mal réel! C'était bien assez du sang, des cadavres, des meurtres et des haines, sans que l'on envenimât encore, de part et d'autre, des plaies qui, de longtemps, hélas! ne seront pas fermées.

Comme au temps du choléra, on a vu du poison partout; du poison dans les fontaines, dans les cigares, dans l'eau-de-vie, dans la charpie! Mille récits lamentables, sortant de nous ne savons quelles sources impures, et s'évanouissant dès qu'on cherchait à les vérifier, ont circulé de tous côtés. Tous les coups de fusil qui partaient dans la nuit, étaient des exécutions de prisonniers; toutes les voitures qu'on rencontrait, transportaient des cadavres ou des condamnés à mort. On racontait, on précisait des exécutions en masse, au Luxembourg, à l'Ecole militaire, sur les berges de la Seine, et des noyades dans les caves de l'Hôtel-de-Ville.

Quant à ce qui concerne les personnes, c'était bien plus odieux encore. Les soupçons les plus ridicules se changeaient tout-à-coup en accusations déterminées, formulées, circonstanciées. Oh! que Caussidière avait raison quand il disait : « Si on les laisse faire, la moitié de Paris fera emprisonner l'autre. »

Grâce au Ciel, nous sommes assez heureux pour pouvoir réduire à un chiffre restreint le nombre des actes de sauvage barbarie qui ont signalé cette insurrection. Les différentes versions répandues sur certains de ces actes, ont dû nécessairement, en certains cas, présenter comme multiples des faits qui, par bonheur, n'ont été qu'isolés. Il convient, d'un autre côté, de ne pas prendre au pied de la lettre tout ce qui a été dit des fusillades de prisonniers par les gardes nationaux, les mobiles ou l'armée. Il y a eu, sans doute, dans la chaleur du combat, comme représailles que nous n'excusons pas, des exécutions immédiates de prisonniers; mais le nombre de ces exemples regrettables doit aussi être considérablement réduit; et il est bien constant aujourd'hui qu'aucune exécution n'a eu lieu légalement, ou judiciairement, ni par ordre supérieur.

Oui, il y avait parmi les insurgés des cœurs honnêtes dans lesquels l'humanité n'était pas éteinte, des combattants, tout noircis de poudre, qui sauvaient des prisonniers, qui protégeaient les parlementaires, et qui leur témoignaient un ardent désir de mettre fin à ces luttes fratricides. Une bande de révoltés, maîtresse du collége Henri IV et manquant de vivres, refuse de toucher aux provisions des écoliers, et de manger, disent-ils, le pain de ces enfants. On sait de quels regrets l'héroïque Archevêque de Paris a été entouré au presbytère du faubourg Saint-Antoine, par les derniers défenseurs des barricades. Partout les insurgés disaient aux représentants : « *Dites bien à tout le monde, que nous ne sommes pas des pillards!* »

Cette idée du respect de la propriété était tellement gravée dans leur esprit, qu'elle se reproduit sans cesse sur les murs des quartiers où ils se sont battus, sur leurs drapeaux, dans leurs proclamations.

A la barrière Saint-Antoine, l'octroi est protégé par les révoltés, et personne, dans les barricades, ne veut s'affranchir de l'impôt. On fait feu sur un groupe qui crie : *Vive Henri V!* On emprisonne deux individus porteurs de drapeaux blancs.

Un insurgé ivre, s'étant mis à crier : *Incendions!* est conduit par ses camarades eux-mêmes au poste des pompiers de la rue Culture-Sainte-Catherine. Sur les révoltés morts dans ce quartier de Paris et dans beaucoup d'autres, on n'a trouvé que des sommes minimes, 10 centimes, 50, 1 franc au plus.

Au coin de la rue du Perche, des rues Coutures-Saint-Gervais et Vieille-du-Temple, s'élevaient de terribles barricades, défendues par une poignée d'hommes. Une quinzaine de mobiles tombent entre leurs mains. Ils les traitent bien et leur disent : *Allez-vous-en, si vous voulez; personne par force!* Un lieutenant du même corps survient; on l'invite à rester; il refuse; même réponse; il se retire. Le soir, on laisse partir tous ses hommes sans condition, avec armes et bagages, après les avoir restaurés chez un marchand de vin.

On a beaucoup parlé de nombreux forçats et réclusionnaires libérés qu'on aurait trouvés dans les bandes de l'insurrection. « Il y a encore ici beaucoup d'exagération, dit la *Gazette des Tribunaux*. Jusqu'à ce moment on n'a pu constater d'une manière positive la présence, parmi les prisonniers, que d'une vingtaine de condamnés correctionnels;

et l'on n'y a reconnu qu'un seul forçat en rupture de ban, le nommé *Boulard*, et un réclusionnaire libéré, *Clément* dit *Longue-Épée*. »

Passons à ces prétendus empoisonnements dont on a fait aussi tant de bruit. Bornons-nous à citer, à cet égard, la note publiée par le Gouvernement lui-même : « Quelques journaux, y est-il dit, ont annoncé que plusieurs femmes avaient été arrêtées au moment où elles vendaient aux soldats de l'eau-de-vie empoisonnée. Des arrestations, il est vrai, ont eu lieu sous ce prétexte, mais l'analyse chimique à laquelle il a été procédé par M. Pelouze, a constaté, de la manière la plus formelle, qu'il n'existait aucune substance vénéneuse dans l'eau-de-vie saisie. »

Une vivandière accusée de ce crime, allait être passée par les armes. Deux représentants du peuple, MM. Germain Sarrut et Auguste Mie, ne pouvant calmer l'exaspération de la foule, disent à cette femme : « Malheureuse, tu n'es pas digne de périr par le fer : meurs par le poison, avale ta liqueur ! » La pauvre femme boit avec empressement, et, mise en liberté, va rejoindre le régiment de dragons auquel elle appartient.

Mais, qui donc a pu accréditer ce bruit général d'empoisonnement ? Un chirurgien militaire, délégué en chef de la mairie du 1er arrondissement, en cherche de bonne foi la source. Il a vu, dit-il, un grand nombre de blessés lui arriver dans un état d'exaltation étrange, ou de prostration, démontrant une ivresse insolite. Quelques-uns offraient tous les symptômes du choléra ; d'autres étaient dans un délire simulant l'aliénation mentale. Son attention s'est portée sur les liqueurs vendues dans la rue, sur l'eau-de-vie, surtout, qu'il a reconnu ne contenir qu'une très-petite quantité d'alcool, étendue d'eau mélangée avec un liquide âcre et inodore, et colorée par une décoction de tan ou de tabac. C'est, suivant lui, à cette dernière substance, agissant sur des individus plus ou moins privés de nourriture et surexcités par l'ardeur de la lutte, qu'il faut attribuer la fureur de certains combattants et leurs actes de barbarie. C'est aussi, dans son opinion, une des principales causes de ces morts subites dont la population s'est émue et qu'elle a cru être le résultat de crimes sauvages.

Quant à l'empoisonnement des balles, laissons parler à cet égard la *Gazette des Hôpitaux,* comme nous nous en sommes rapporté à la *Gazette des Tribunaux* sur la question des prétendus forçats trouvés parmi les insurgés. « Nous considérons, dit le rédacteur en chef, comme un devoir sacré de déclarer que, dans aucune des balles que nous avons extraites, ou vu extraire, nous n'avons constaté la présence d'un poison quelconque ; les plaies elles-mêmes n'ont présenté aucun symptôme de plaies empoisonnées. Nous avons vu un assez grand nombre de balles, d'une forme plus ou moins contournée, ou faites avec des matières inaccoutumées, telles que le cuivre et le zinc ; mais les blessures faites par ces balles ne nous ont pas paru avoir une gravité particulière. Nous avons vu saisir encore un assez grand nombre de balles percées d'un trou à leur centre, lequel trou était rempli d'une matière blanche. Cette matière n'ayant pas été analysée, nous ne saurions dire si elle est, en tout, ou en partie, formée par une matière toxique ; mais nous sommes disposés à croire le contraire, en considérant que les défenseurs de l'ordre blessés près du lieu où la saisie a été faite, n'ont présenté aucun symptôme particulier. »

La cérémonie funèbre des victimes de juin a eu lieu le jeudi 6 juillet, à dix heures du matin, sur la place de la Concorde. Un autel avait été dressé dans ce but à l'entrée de la grande avenue des Champs-Élysées. L'Assemblée nationale, l'armée, la garde nationale, la mobile, la garde républicaine, tous les corps constitués, assistaient au service célébré à la Madeleine par des ecclésiastiques membres de l'Assemblée. Elle avait spontanément voté à l'unanimité, pour cet objet, un crédit de 158,000 francs. D'autres services avaient lieu, en même temps, dans toutes les églises de Paris et de la France.

Le lendemain, vendredi 7, on a célébré à Notre-Dame les obsèques de l'Archevêque.

Un seul mot, Français, en finissant :

UNION ! UNION ! OU L'ANARCHIE VOUS DÉVORERA.

FIN.

www.ingramcontent.com/pod-product-compliance
Lightning Source LLC
LaVergne TN
LVHW050556090426
835512LV00008B/1191